I0119912

Fundamentos de Hegemonía Política Internacional 2022

M.C. Yesika Reyes Acosta
M.A. Rene A. González Nava
Dr. Guillermo E. Cervantes Delgado
M.A. Eloy Díaz Unzueta

BSC

BSC

M.C. Yesika Reyes Acosta
M.A. Rene A. González Nava
Dr. Guillermo E. Cervantes Delgado
M.A. Eloy Díaz Unzueta

Copyright © 2022 Borderlan Studies Publishing House
All rights reserved
ISBN:978-1-948150-57-6

Borderlan Studies Publishing House
310 S Grama St 2
El Paso Texas 79905, USA

Índice

Fundamentos de Hegemonía Política Internacional 2021

"La ruptura de la Unión Soviética es la mayor tragedia geopolítica del siglo XX, nos hemos convertido en un país completamente diferente y lo que habíamos conseguido a lo largo de mil años, en gran medida lo hemos perdido".

—Vladímir Putin[1]-

---

[1] Mensaje de Vladímir Putin en un documental emitido por la cadena Rossija 1 el 12 de diciembre de 2021. Para la nación rusa, un drama, pues, entre otras cuestiones, millones de rusos étnicos quedaron fuera de las fronteras de Rusia; por tanto, el discurso de la necesidad de velar por su seguridad, en una recuperación del discurso paneslavista o panruso de épocas pretéritas, se reitera de manera permanente. (Kondrashov, 2022).

"Las palabras en sí mismas, no cristalizan el sentimiento desarticulado; las palabras deben ser pronunciadas por gente que está estratégicamente colocada y ser pronunciadas en el momento oportuno, de otra manera, son mero viento".

–Walter Lippmann–[2]

Resumen

La Hegemonía Política Internacional continua siendo un tema de interés no solo para los estudiosos de las Relaciones Internacionales, también transita como un tema de importancia por diferentes áreas del conocimiento. Los retos a los que se enfrenta el mundo nos obligan a dejar atrás concepciones estratégicas de alto riesgo y escaso horizonte. La desescalada de las tensiones entre diferentes países y la reconstrucción de las relaciones cooperativas es un reto complejo pero esencial para afrontar el futuro. Actitudes históricas como las de Rusia hacia Estados Unidos se pueden

---

[2] Afirmación disgregada al respecto de la integración americana. (Lippmann, 1965).

tomar como muestra para analizar sus orientaciones y políticas exteriores matizadas. Quizás la obsesión rusa con las políticas estadounidenses es el resultado lógico del peso de la historia y de una visión de las relaciones internacionales en la que el Estado sigue siendo el principal actor.

El presente estudio busca responder las preguntas, ¿Se encuentra la Federación Rusa con las condiciones necesarias para reemplazar a Estados Unidos como hegemón internacional?, ¿Existen las condiciones para que pueda otro país suceder en la posición a Estados Unidos?, ¿Con qué elementos deberá contar el aspirante hegemón para lograr su aspiración?. Se utiliza la metodología de análisis documental considerando los últimos treinta años. Se realiza el estudio de elementos y sucesos a partir del enfoque multidisciplinario y multidimensional a la vista de la modernidad que promueve la necesidad de generar un marco teórico que permita tomar el pulso de estado que guarda la hegemonía política internacional.

Palabras clave

Hegemonía Política, Conflicto Ucraniano, Relación Energética, Federación Rusa y Sanciones Internacionales.

" The words themselves do not crystallize the disjointed feeling; words must be spoken by people who are strategically posted and pronouncedat the right time, otherwise they are mere wind".

–Walter Lippmann–[3]

Summary

International Political Hegemony continues to be a topic of interest not only for scholars of International Relations, it also transits as an important topic in different areas of knowledge. The challenges that the world is facing force us to leave behind strategic concepts of high risk and a short horizon. The de-escalation of tensions between different countries and the reconstruction of cooperative relations is a complex but

---

[3] Disaggregated statement regarding American integration. (Lippmann, 1965).

essential challenge to face the future. Historical attitudes such as Russia's toward the United States can be sampled for analyzing its nuanced foreign policy and orientations. Perhaps the Russian obsession with US policies is the logical result of the weight of history and a vision of international relations in which the state remains the main actor.

This study seeks to answer the questions: Is the Russian Federation in the necessary conditions to replace the United States as international hegemon? Are there the conditions for another country to succeed the United States in the position? What elements must the aspiring hegemon have to achieve his aspiration?. The documentary analysis methodology is used considering the last thirty years. The study of elements and events is carried out from the multidisciplinary and multidimensional approach in view of modernity that promotes the need to generate a theoretical framework that allows taking the pulse of the state that keeps the international political hegemony.

Keywords

Political Hegemony, Ukrainian Conflict, Energy Relationship, Russian Federation and International Sanctions.

Introducción

La relación de Rusia y Estados Unidos es por naturaleza difícil, los separa culturas muy distintas y Moscú no acepta el orden hegemónico internacional de Washington, donde el Kremlin no sea reconocido como potencia de primer orden. La conciencia imperial de la nación rusa, dota de un sentido jerárquico a Rusia en relación con otras naciones, reclamando para sí la condición de potencia y da gran importancia a las cuestiones de rango y dignidad nacional en el concierto internacional. (Pardo de Santayana Gómez Olea, 2017). Rusia se presenta ante su propia sociedad y ante el mundo como un país democrático y respetuoso de unos valores políticos y humanos universalmente compartidos, pero en términos generales podemos considerar a Rusia como una democracia incompleta (Fish, 2005). Del mismo modo se visualiza como un régimen autoritario con características formales de una democracia. (Taibo, 2004). Las cosas se mueven despacio en Rusia y con ello, los rusos son cada vez más conscientes que difícilmente su país puede ser libre si se consiente la falta de libertad en su interior. La evolución dependerá no sólo de quién ocupe la presidencia, sino de los cambios en su sociedad en donde la insatisfacción con las políticas se manifieste de forma creciente y en el entorno internacional. La crisis financiera internacional de 2008 dejó en evidencia la fuerte dependencia rusa de sus vínculos económicos con los países europeos y especialmente el mercado energético de la Unión Europea, con esta y otras tantas experiencias, Putin puede pasar a la Historia como el nuevo zar del siglo XXI, ser recordado como un Pedro I conquistador o como un Alejandro II reformador, dependerá de las decisiones que se adopten por el bien de Rusia y del mundo. (Sánchez Herráez, 2015). Las guerras siempre presentes en el hemisferio propiciaran de manera natural la necesidad de mantener un equilibrio entre la soberanía de los Estados y el control de la espiral de violencia que los rodea. Mantener una postura de no alineación puede ser necesario para poner límites a las grandes potencias. Sin embargo, no es tarea fácil en el contexto actual de nacionalismo económico. (Woods, 2022). Zheng Yongnian, decano de la Universidad China de Hong Kong (Shenzhen) afirmó que "El viejo orden se está desintegrando rápidamente y los países rebosan de ambición, como tigres que miran a su presa, deseosos de encontrar cualquier oportunidad entre las ruinas del viejo orden". (Lee Myers & Buckley, 2022). Las aspiraciones continuarán latentes y las medidas presentes para contener a los grandes aspirantes de ésta, la nueva Hegemonía Internacional.

Antecedentes

La popularidad en Rusia de Vladímir Putin[4], históricamente ha crecido[5] sobre todo desde que alentó los sentimientos nacionalistas, el orgullo patriótico y la nostalgia por la Unión Soviética. Putin integro la grandeza imperial y la posibilidad de mejorar las condiciones de vida de los ciudadanos, su proximidad a la Iglesia ortodoxa, la recuperación de signos del pasado y un patriotismo ruso exacerbado. Como lo describe Pedro Sánchez Herráez,

---

[4] Desde que Yeltsin presento a Putin como su sucesor, que le otorga legitimidad, sumado a una aureola cuasi mitológica, dado su pasado como hombre firme y patriota, miembro de la KGB, motiva que la popularidad del mismo suba como la espuma, al ser percibido como la mano dura que disciplinará Rusia. (Sánchez Herráez, 2015). Yeltsin anuncia su retiro inmediato y le deja como presidente interino, pues, señala, "Rusia debe entrar en el nuevo milenio con nuevos políticos, nuevas caras, nuevas personas inteligentes, fuertes y llenas de energía". (NEWS, 1999).

[5] Putin ha acumulado tanto poder que los antiguos secretarios generales del PCUS lo envidiarían. Y, mientras controla medios y narrativas y la lista de represalias no deja de crecer, también lo hace su popularidad. El apoyo a su figura ha subido 10 puntos desde febrero, hasta rondar el 83%. (Manrique, 2022).

Putin recentraliza Rusia e incrementa el grado de autarquía. (Sánchez Herráez, 2015):

> *"Putin plantea la necesidad de reconstruir lo que él denomina -la vertical del poder- hizo aprobar una nueva ley de partidos políticos en el año 2001 para minorar lo que percibe como debilidad del sistema de partidos, eleva el porcentaje de votos necesario para tener representación parlamentaria al 7%, reformó el reglamento del Consejo de la Federación, que tantos problemas originó a Yeltsin y, desde 2002, los miembros del mismo no son electos sino designados; se reservó la capacidad de cesar a los gobernadores acusados de algún delito, y de disolver los congresos locales cuando tramitasen alguna ley que fuera contra la Constitución o las Leyes federales, en un intento de incrementar el grado de control sobre las provincias y los 83 sujetos federales de Rusia". (Pág.63).*

Putin consideró necesario desarrollar una economía fuerte, que apuntalase y sostuviera el poder de Rusia; pero dicho sistema económico debería de ser controlado, para evitar que se pudiera afectar al sistema político, recuperando el control de los recursos de Rusia, especialmente del sector energético, de manos de los oligarcas[6], pues el conglomerado energético tenía una importancia trascendental en Rusia. La nueva realidad económica y anímica de Rusia permitió a sus Fuerzas Armadas superar la situación de desmoralización y de escasez de recursos de la etapa anterior; una Rusia fuerte necesitaba unas Fuerzas Armadas fuertes. Desde 2005 estos fueron los temas vertidos en sus discursos, que lo identifican con cuando menos, tres cuartas partes de la población, que además querían que Rusia se expandiera en tamaño y sumara territorios como Crimea y Donbás; los cuales se habían perdido a manos de Ucrania. (Figes, 2021). Las guerras que afronta Rusia con Putin han sido siempre defensivas; frente al terrorismo, frente al intento de secesión, frente a los intentos de penetración del adversario; estas

---

[6] En 2003, Mijaíl Jodorovosky, presidente del gigante petrolero Yukos y principal foco de oposición a Putin en las elecciones presidenciales del año siguiente, fue arrestado y su compañía fue absorbida por Rosneft, cercana al Kremlin y desde entonces una de las mayores empresas petrolíferas del mundo Esta acción dio inicio a un largo proceso en la Corte Permanente de Arbitraje de la Haya, que se saldó a favor de los antiguos accionistas de Yukos con una condena millonaria a Rusia en 2014. (Ferrer, 2014)

guerras constituyen guerras patrióticas a pequeña escala y son presentadas de esta forma, controlando los medios de comunicación y afirmando contar con un apoyo mayoritario de la población. Incluso en el conflicto en Ucrania, Putin dijo que si alguien amenazaba la seguridad nacional de Rusia, Moscú no tendría más remedio que apuntar sus fuerzas[7] contra los territorios de los que proviniera la amenaza. (Mundo, 2015). Las relaciones entre Rusia y Occidente atravesaban desde entonces por malos momentos, sin precedentes desde la guerra fría, por el continuo papel de Moscú en las crisis con Ucrania. La profunda desconfianza de Rusia hacia Occidente[8] hacía que su objetivo fundamental fuera más conservador que revisionista, buscando preservar para los sucesores de Putin su statu quo. La política

---

[7] No hay elemento de cohesión más poderoso entre gobernantes y gobernados que el ataque a esos valores compartidos donde la esencia profunda sale a relucir y, todos a una, afrontan cualquier sacrifico, incluyendo la guerra, para expulsar al invasor, para mantener su cosmovisión. (Sánchez Herráez, 2015).

[8] Putin cree que Occidente (Estados Unidos) sigue empeñado en debilitar y marginalizar a Rusia, aunque no tiene completamente claro hasta qué punto. En sus fases más pesimistas, teme que la desmembración de Rusia sea de nuevo el objetivo real a medio y largo plazo. (Pardo de Santayana, 2021).

exterior rusa continua basándose en su experiencia histórica, por lo que mantener la consolidación interna e intentar expansión externa sigue constituyendo una importante premisa para la seguridad rusa. (Mankoff, 2012). Las acciones emprendidas en Georgia en 2008, en Crimea en 2014 y en Ucrania en 2014 materializaban dichos aspectos de la política exterior rusa, marcando su denominado "espacio ruso". (Lukyanov F. A., 2015). Dicho espacio ruso prevalecía en 2021 con 40,000 efectivos militares rusos apostados en Crimea y otros tantos en la vecindad inmediata de los óblast de Donetsk y Lugansk, Republicas Populares autoproclamadas.[9]

---

[9] Las llamadas "repúblicas populares" de Donetsk (RPD) y Lugansk fueron dos territorios desgajados de las provincias ucranias del mismo nombre y están controladas por secesionistas que se autoproclamaron independientes de Kiev desde mayo del 2014. Las "repúblicas" cuentan con la ayuda económica, política y militar de Rusia, a través de su frontera común. El marco internacional para resolver el conflicto por la vía política eran los acuerdos de Minsk, suscritos en febrero de 2015 por Ucrania, Rusia, Alemania y Francia, bajo la égida de la OSCE. El objetivo de estos acuerdos era la reintegración a Ucrania de los territorios secesionista. EL propósito inicial fue, formar una unidad territorial común, la RPD y la RPL, lo cual no funciono. Estas

Putin ha buscado recuperar el espacio y puesto de influencia que considera corresponde a Rusia, como potencia global, no estando dispuesto a actuar por intereses foráneos, especialmente de los de Estados Unidos. Esta pugna a escala global, se libra básicamente por la percepción rusa sobre occidente como la única superpotencia, fundamentada en rechazar y controlar el espacio postsoviético. (Brzezinski, 1998). Afirmando que es auspiciada por las acciones regionales de la OTAN.

En lo fundamental, el presidente ruso ya ha alcanzado los objetivos que se planteaba hace veinte años y su mayor preocupación actual es sin duda, si podrán sostenerse las posiciones actuales y con ello la existencia de Rusia. Este enfoque de Putin considerado como racional, por las diferentes decisiones tomadas en las últimas dos décadas, nos acerca a construir su imagen dentro de los campos de la cautela y previsión; así lo describe el conocido analista ruso Dmitri Trenin (Trenin, 2021):

---

administraciones estaban controladas por "tutores" procedentes de distintos departamentos de la Administración rusa. Los "tutores" de los líderes civiles, como Plótnitski dependían de Vladislav Surkov, el ayudante de Vladímir Putin. (Bonet, Cambio de cromos en Ucrania, 2017).

"A pesar de la predilección de los medios occidentales por describir a Putin como imprudente, es, de hecho, cauteloso y calculador, particularmente cuando se trata del uso de la fuerza. No es, en ningún caso, alérgico al riesgo, como lo demuestran sus acciones en Chechenia, Crimea y Siria". (Pág.1).

El autor se inclina a plasmar en la imagen de Putin, que el riesgo asumido es proporcional a los beneficios que espera obtener o a los peligros que quiere evitar. En palabras de Putin (Kondrashov, 2022):

"Incluso cuando adoptas decisiones muy difíciles, que a primera vista pueden considerarse arriesgadas, si en tu interior estás convencido de que tienes razón, que actúas exclusivamente en interés del pueblo ruso, esto a fin de cuentas resulta ser una opción correcta, una opción que da frutos auténticos, frutos que se reflejan en el reforzamiento del estado ruso".(Pág.1).

Durante el cuarto mandato como presidente ruso, el 24 de febrero del 2022 ordenó la invasión rusa de Ucrania, denominada "operación militar especial en Ucrania" que le provocó a Rusia una condena y aislamiento internacional. Esta invasión precipitó una gran crisis internacional y los Estados Unidos, la Unión Europea y otros de sus aliados (Reino Unido, Australia y Japón) presentaron una serie de sanciones económico-financieras contra Rusia como el cierre al sistema financiero occidental; la limitación de acceso a los bancos rusos a créditos internacionales. Aun con esto, el pueblo ruso continua dominado por el sentimiento de ver en Ucrania una prolongación de su propia nación y, ciertamente, no es fácil trazar una línea que separe nítidamente lo ruso de lo ucraniano, sobre todo en los territorios más cercanos a la Federación Rusa. (Sherr, 2020). Chad Bown, del Peterson Institute en Washington, en una excelente cronología de las sanciones, las dividió en cinco categorías (Bown, 2022):

> *1.- Las que se aplicaron al patrimonio de individuos como Putin y los "oligarcas" y colaboradores próximos.*
> *2.- Las financieras, que fueron desde la expulsión de varios bancos rusos del sistema de mensajería interbancario SWIFT hasta el congelamiento de los activos del Banco Central de Rusia que estuvieron en los centros financieros de Occidente.*
> *3.- Las relacionadas con los viajes, como el cierre del espacio aéreo europeo a las compañías aéreas rusas.*

4.- Las que tenían que ver con las restricciones a las exportaciones a Rusia, sobre todo en tecnología de doble uso (civil y militar).
5.- Las referentes a limitar o prohibir las importaciones, como la decisión de EEUU de prohibir la importación de gas y petróleo ruso. (Págs.1-5).

Lo cierto es que mientras en las sanciones no fueran incluidas medidas contundentes sobre las importaciones de hidrocarburos, Rusia estaría evitando su colapso económico, el rublo se sostendría y su sistema bancario mostraría su resiliencia. Pero incluso antes de que las sanciones energéticas se consolidaran, la economía rusa se tendría que modificar en 2022, apuntando a una caída del PIB en torno al 15% y una inflación superior al 20%. De ahí la enorme relevancia de los debates en el seno de la UE sobre las importaciones de carbón, petróleo y, por supuesto, gas.

Orden Mundial y las buscadas reconfiguraciones de la Hegemonía Política

Por más que la inobservancia del derecho y la ciencia sean referidos a una hegemonía mundial que genera nuevas formas ideológicas, o suprime las anteriores, la reacción ante esa hegemonía hace caso omiso de las peculiaridades de una política pragmática que se escabulle por su dispersión y su presunta inofensividad y final buena fe de la violencia hegemónica y, en breve, para ser el objeto de un tratamiento teórico sustantivo y, sobre todo, cuestionable de raíz. (Orozco Alcantar, 2015). Orozco muy adelantado a su tiempo, por sus análisis y deducciones, describe esta denominada dispersión de poder arrastrada por la violencia -guerras e intereses hegemónicos- muy coincidente a la visión de Nicholas Spykman del cuidado pragmático de no ser arrastrado -refiriéndose a Estados Unidos- a conflictos o guerras devastadoras, como las grandes guerras del siglo XX, y más aun a evitar una Tercera Guerra Mundial. (Spykman, 1944). La herramienta bélica continua siendo como puede verse, la principal ruta para la conservación de la posición hegemónica. Del mismo modo la economía robustece dicha ruta, sea a través del comercio de mercancías –mediante presiones arancelarias– o las divisas –como fondos de reserva– que representan la ruta más corta a la presión o sanciones internacionales.[10] Las reacciones internacionales nunca se dejan esperar y por ejemplo Beijing y Moscú que buscan construir su propia esfera de influencia, siguen tratando de resolver la opción de una unidad monetaria[11] dentro de esa esfera. Un resumido

---

[10]Medidas por ejemplo como el congelamiento de las reservas internacionales de Rusia en 2022, por el conflicto con Ucrania, creó una enorme desconfianza en el sentido de que cuando las naciones actúen en contra de los intereses de Occidente, las naciones de la OTAN pueden simplemente impedirte el acceso a tus reservas. Una segunda fuente de desconfianza hacía el dólar se deriva de la inflación que afecta a Estados Unidos, misma que fue de 9.1% en junio del 2022, con una tasa de interés de los bonos del Tesoro a plazo de un mes en apenas 2.15% . (INCOMEX, 2022).

[11] El esfuerzo de desdolarización de la Federación Rusa coincide con la estrategia de China para debilitar el dominio del dólar estadounidense e internacionalizar su moneda. Siguiendo esta dinámica, el sistema financiero global está gravitando hacia la fragmentación y la multipolaridad monetaria. Está por ver cómo la situación terminará afectando a la capacidad de Rusia para escapar

análisis se acerca a afirmar que, incluso si ambos países usaran una nueva moneda para las transacciones comerciales bilaterales, el volumen comercial relativamente pequeño entre ellos limitaría el impacto sobre el dólar estadounidense, dado que una moneda multinacional, por ejemplo como como el euro, ha requerido un nivel de compromiso político y coordinación económica e integración que no está presente en Asia hoy. El dólar continua siendo la moneda de respaldo de dichas reservas y en 2022 el dólar se fortalecio a nivel global mostrando mayor fortaleza que hasta el euro que llego a costar sólo 0.98 dólares. Sin embargo, no podemos dejar de mencionar que hay naciones que querían dar por terminado el sistema financiero global basado en el dólar estadounidense, que fue implementado hace más de 75 años en la conferencia de Bretton Woods. Refiriendo se a la economía como instrumento de cohesión, el presidente chino Xi Jinping declaró en un artículo del mismo año que publico Bloomberg, (INCOMEX, 2022):

---

a las sanciones de Occidente y cuáles serán las consecuencias no deseadas sobre el sistema financiero mundial. (Shagina, 2022).

"Politizar, instrumentalizar y armar la economía mundial usando una posición dominante en el sistema financiero global para imponer sanciones sin sentido, solo dañaría a los otros, además de dañarse a uno mismo, dejando a la gente en todo el mundo sufriendo. Aquellos que se obsesionan con una posición de fuerza, expanden su alianza militar y buscan su propia seguridad a expensas de los demás, solo caerán en un enigma de seguridad".(Pág.4).

Esta fortaleza se mantuvo, aun con el comportamiento de la economía de estados Unidos durante 2022, donde los bonos del Tesoro de Estados Unidos en posesión de Rusia, se desplomaron desde el segundo trimestre de 2018 y siguieron una tendencia descendente desde entonces hasta ser prácticamente nulas y esto, mientras las reservas internacionales rusas crecieron de manera casi ininterrumpida hasta alcanzar casi 500 mil millones de dólares a finales de 2021. Veamos el siguiente gráfico compartido por INCOMEX, al respecto del dólar y sus relación con las reservas rusas. (INCOMEX, 2022):

Money Trail
Russia's dollar reserves likely shifted to swaps after it dumped Treasuries

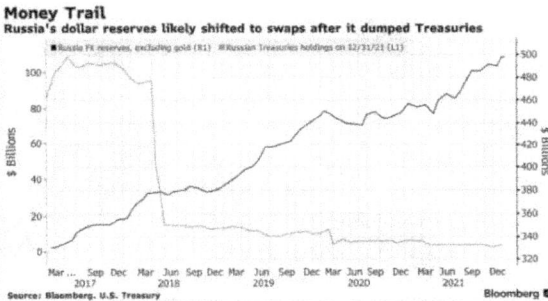

Tenencias rusas de bonos del Tesoro estadounidense y sus reservas
internacionales

Y aunado a lo anterior, en el mismo periodo Rusia también estuvo aumentando sus tenencias de oro, más que cuadruplicándolas de 2008 a 2022; del mismo modo China, con una cantidad récord de oro comprada en exportaciones con los suizos, en julio Beijing recibió 80,1 toneladas de oro valoradas en alrededor de $ 4.6 mil millones, más del doble de las 32.5 toneladas que compró en junio y el segundo total mensual más alto desde 2012, según Reuters. Veamos del mismo modo el gráfico anexo que puede ilustrar el comportamiento ruso:

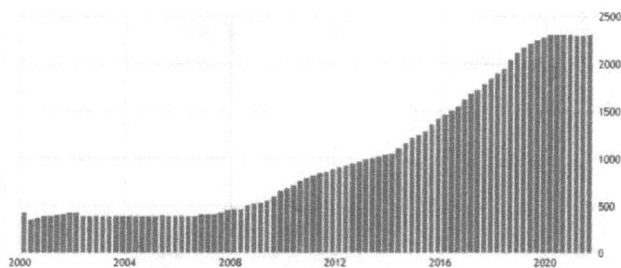

Tenencias de oro por parte de Rusia

Desde los enfoque regionales podemos afirmar que Estados Unidos no ha favorecido nunca el crecimiento de la Unión Europea; es todavía válida esta sinergia de atlantismo-europeísmo, hay quienes piensan que: Estados Unidos (re)inició la ofensiva contra Europa, los neo-conservadores, que en parte inspiraron a la administración de Bush, se hubieran impuesto al proceso de unificación de Europa usando, en su estrategia de divide y vencerás, incluso un caballo de Troya con Polonia, Estados Unidos es hostil con la Unión Europea porque en ella encuentran el peligro del fin de su hegemonía y es contrario a la atribución de la Unión Europea de un asiento permanente en el Consejo de Seguridad de las Naciones Unidas. (Buttá, 2013). Veamos el comentario coincidente del Vladimir Lukin, profesor investigador en la Escuela Superior Nacional de Economía de Moscú; quien fuera fue embajador de Rusia en Estados Unidos en el periodo 1992-1994, presidente del Comité de Asuntos Exteriores del Soviet Supremo (1990-1992) y de la Duma Estatal (1994-2000), vicepresidente de la Duma Estatal (2000-2004) y Defensor de los derechos humanos de la Federación Rusa (2004-2014). (Lukin V. , 2015):

> *"Muchos en Estados Unidos son perfectamente conscientes de que por mucha riqueza material que acumule América del Norte y por muy superior que sea la ciencia y la educación estadounidenses, una Europa unida tendría un impacto de calidad inconmensurablemente superior en las mentes y los corazones de los pueblos gracias a su muy especial patrimonio cultural e histórico. Ese patrimonio, su contenido y su espíritu, pueden representar una competencia eficaz y valiosa al «poder de baja intensidad» ejercido por EEUU., mejor que cualquier otro medio o instrumento".(Pág.201).*

De ahí los intentos por disolver Europa en un espacio ambiguo e incierto euro-atlántico, de un espacio que se extiende por todas partes pero sin referencias concretas, pero invariablemente gobernado desde Washington. Esta política recibió el apoyo activo del grupo de países de la Nueva Europa, los que ocupan, según algunos expertos en estrategia, todo el espacio entre la nueva y unificada Alemania y la nueva y segmentada Rusia. Claramente, el deseo de mantener controlado el núcleo central de la UE es lo que ha movido en realidad a Estados Unidos. En lo que respecta a la Nueva Europa, sigue bajo la influencia del miedo histórico a los genes imperialistas rusos.

Desde 2014 en que Rusia anexó a su territorio Crimea y Donbás con su respectiva guerra; Ucrania se ha mantenido en el lente de la seguridad europea[12]. En 2022, el despliegue

---

[12] Las crisis de Ucrania han llevado a Estados Unidos y Europa a dar pasos equivocados apoyando levantamientos popular. Los viejos fantasmas continúan regresando al Kremlin que reacciona de la forma que sabe hacerlo una potencia tradicional: usando la fuerza para reafirmarse cuando sus derechos o intereses se encuentran en juego. (Fernández Sola, Las relaciones de

de una potente fuerza rusa junto a la frontera ucraniana la pone en el escenario internacional de nueva cuenta. La guerra de Ucrania produjo una reacción unánime de la Unión Europea, los Estados Unidos y los aliados más estrechos de la gran potencia norteamericana contra dicha agresión. En otras partes del mundo la actitud de respuesta difirió de la de Occidente. De esta manera se generó una fractura con Occidente que se denominó el "Sur global". Para sorpresa de Washington y de sus aliados, el país que lidero este movimiento fue la India[13], ciertamente un socio estratégico de Estados Unidos en su rivalidad con China. Podría decirse que las naciones del "Sur global" perciben que pueden haber alcanzado la fuerza necesaria y

---

la Unión Europea y Rusia desde la perspectiva rusa: Cuadernos de Estrategia 178 Rusia bajo el liderazgo de Putin. La nueva estrategia rusa a la búsqueda de su liderazgo regional y el reforzamiento como actor global, 2015).

[13] Esto coincide con un momento histórico particularmente singular en el que todo parece indicar que, después de haber ostentado el liderazgo de la historia durante cinco siglos, las potencias occidentales lo están cediendo al mundo asiático. Ante una previsible nueva jerarquía de poder, los actores internacionales miran por sus propios intereses y procuran quedar bien posicionados de cara al futuro sistema internacional. (Shambaugh, International Relations of Asia, 2022).

que pueden romper con la tutela, ejercida por Occidente sobre el resto del mundo, en sintonía con la expresión que Niall Ferguson popularizó: "The West and the Rest". (Ferguson, 2011). Los reveses sufridos por Rusia expusieron sus vulnerabilidades y sembraron dudas en los países del "Sur global" sobre su relación con Moscú. En la cumbre de la Organización de Cooperación de Shanghái celebrada en 2022, tanto China como la India expresaron su preocupación sobre la guerra[14], aun cuando los costos de la contienda recaerían principalmente sobre las economías más débiles del "Sur global", pues sus Estados carecen de amortiguadores, ya sean reservas de productos básicos estratégicos, liquidez o superávits comerciales.

---

[14] La India como miembro de la OCS se nego a imponer sanciones a Rusia, pero no reconocio como legal la invasión, aunque se aprovechó la situación adquiriendo en muy buenas condiciones petróleo ruso y planteando su autonomía estratégica a través de un proyecto nacional que se basa en el hinduismo, con independencia de su alianza en el QUAD (junto a Japón, Australia y EEUU, con el claro objetivo de contener el creciente expansionismo chino). El primer ministro indio, Narendra Modi, le dijo a Putin que no era tiempo para guerras y que había que acabar cuanto antes con esta situación. (Piqué, 2022).

(Mulder, 2022). En marzo del 2022, de los 193 países que conforman la Asamblea General de las Naciones Unidas, 141 votaron a favor de la condena a Rusia por su agresión militar a Ucrania, 5 lo hicieron en contra y 35 se abstuvieron. Cuando posteriormente se propuso la expulsión de Rusia del Consejo de Derechos Humanos, muchos países del "Sur global" se abstuvieron y China se opuso, lo que representaría a tres cuartas partes de la población mundial. (Pardo De Santayana, 2022).

Estados Unidos, como líder de la OTAN, ha pugnado por mantener una política hegemónica que ha guiado a occidente desde hace algunos años y que choca con la perspectiva geopolítica del Kremlin. Como es de esperar, Rusia no tiene ninguna intención de permitir que Ucrania ingrese a la OTAN, dado que esto representaría influencia occidental, traducida para la Federación Rusa, como la creación de un Estado hostil con entero entendimiento con sus enemigos del este de Europa[15] y una evidente amenaza a

---

[15] Durante esta crisis en 2022 el canciller de Alemania Olaf Scholz, durante una visita a Ucrania anunciaba un paquete de ayuda de 150 millones de euros y otros 150 millones futuros; afirmando que: "Ningún país del mundo había brindado un apoyo financiero tan fuerte a

sus intereses esenciales con el deseo de debilitar y marginalizarla. En esta búsqueda por impedirlo, Putin ha estrechado la relación entre Moscú y Pekín en un esfuerzo exitoso por clausurar el orden liberal internacional presidido por el hegemon. Henry Kissinger no estaba tan desencaminado cuando afirmaba que Ucrania debía haber servido de puente y no de puesto avanzado de una parte en relación con la otra. (Kissinger, 2016). Es claro que Moscú percibe el sistema internacional como un entorno esencialmente competitivo, donde los principales actores siguen siendo los Estados soberanos. Según esta visión, la rivalidad por el poder es la relación "por defecto" entre actores; los

---

Ucrania en los últimos ocho años", confirmando que ya habían destinado más de 2.000 millones de euros a Ucrania, y seguirían apoyando al país del Este, alentando a empresas alemanas a invertir. (Sahuquillo, Alemania y Ucrania chocan sobre el suministro de gas y la entrada en la OTAN, 2022). Seguir alimentando una espiral ascendente de guerra, puede terminar no solo con la derrota de una de las partes, sino con afectaciones inaceptables para todas ellas. El pragmatismo a menudo tiene pocos amigos. Pero hay veces, solo de pronto, en que se necesita darle una oportunidad. (Meschoulam, Ucrania: La paradoja de la escalada y las consecuencias de alimentarla, 2022).

cuales, sin embargo, pueden establecer acuerdos para cooperar cuando esto sea mutuamente beneficioso. Al mismo tiempo, la confrontación es también un instrumento legítimo para defender los intereses nacionales cuando el diálogo no sea suficiente para protegerlos. De esta forma, se tiende a desconfiar de aquellos mecanismos multilaterales que limiten la propia autonomía o traten de regular la organización interna de Rusia, ya que se teme que hagan vulnerable al país frente a otras potencias más poderosas. (Morales, 2012). La hegemonía política internacional ejercida de manera unipolar trae consigo, la fácil construcción de un frente de batalla por tratar si no de eliminarla, cuando menos debilitarla. En este estricto sentido, Rafael M. Mañueco nos comparte la concepción de Rusia y China, al respecto de un Mundo unipolar. (Mañueco, 2022):

> *"Los intentos de crear un mundo unipolar han cobrado una forma absolutamente monstruosa y son completamente inaceptables, afirmaba el jefe del Kremlin, en 2022, durante la reunión en la ciudad Uzbeka de Samarcanda; a lo que Xi respondía que: China estaba dispuesta a hacer esfuerzos junto con Rusia para asumir su responsabilidad como grandes potencias, y adoptar el papel de guías para inyectar estabilidad y energía positiva en un mundo caótico, prometiendo a Putin que su país busca*

trabajar con Rusia para apoyar con fuerza, los intereses fundamentales mutuos y profundizar en la cooperación comercial, agrícola y en otros ámbitos".(Pág.2).

La guerra en Ucrania ha contribuido a el logro de la consolidación comercial entre Estados Unidos, el Reino Unido y la UE a través de la Alianza Atlántica, y de esta con Australia, Japón, Corea del Sur y Nueva Zelanda, es muy probable que Rusia y China seguirán alineadas para socavar lo que consideran "el poder hegemónico" de Occidente. (Milosevich-Juaristi M. , Vladimir Putin y Xi Jinping: no siempre juntos, pero nunca enfrentados, 2022). Donde China proyecta convertir a Rusia en su socio subordinado, dadas las condiciones de relación ruso-occidentales. Occidente de la misma manera que hace 40 años continua con sus mismas prácticas y objetivos políticos. (Sarotte, 2015). Por ejemplo el presidente Biden afirmo que el objetivo de Washington era "castigar la agresión rusa" y el secretario de Defensa, Lloyd Austin, lo confirmo a su manera: "Nuestro objetivo es debilitar a Rusia a largo plazo para que no tenga la capacidad de repetir su asalto militar a Ucrania". (Hirsh, 2022). Y Liz Truss, secretaria de Asuntos

Exteriores del Reino Unido, añadió a su vez que era un "imperativo estratégico expulsar a Rusia de toda Ucrania, incluida Crimea", confirmando la visión de la OTAN. (Landale, 2022).

En Mayo del 2022 el presidente de Estados Unidos anunció el inicio del Marco de Prosperidad Económica del Indo-Pacífico (IPEF). (WH.GOV, 2022), que reunía a Estados Unidos y a otros 13 Estados del Indo-Pacífico, entre ellos Japón, India, Corea del Sur y Australia. No fue, un acuerdo comercial en el sentido convencional, sino que descansa en cuatro pilares: promover el comercio justo y resistente, principalmente el digital; potenciar cadenas de valor, sin considerar en ellas a China; promover inversiones en infraestructuras y en energías renovables y descarbonización; y luchar contra la corrupción, promoviendo normas fiscales adecuadas. En un primer momento, está iniciativa pretende revertir el descomunal error estratégico de Donald Trump de no haber ratificado el Acuerdo de Asociación Transpacífico (TPP). Creando la Asociación Económica Integral Regional (RCEP), que incluía a la propia China, dejando las manos libres a Pekín y debilitando la credibilidad norteamericana frente a sus aliados asiáticos.

En un segundo momento y con la creación del IPEF, Estados Unidos intentará frenar a su principal adversario geopolítico por la hegemonía global, China. Ahora buscando un estrategia de contrapesos en espacio Indo-Pacífico al incorporar a India en este esfuerzo de contención del expansionismo cada vez más agresivo de China.

A la necesidad de este expansionismo, el 12 de octubre del 2022 fue publicada la Estrategia de Seguridad Nacional del gobierno de Biden-Harris[16] con la cual se plantea atender dos retos estratégicos centrales para la seguridad estadounidense: la competición geopolítica y las amenazas transnacionales. El primero dedicado a China que ha pasado a ser el único adversario, postergando a Rusia a un papel menor. Segundo coadyuvar y cooperar

---

[16] Dicho documento fue publicado por el Departamento de Estado de los Estados Unidos de América en la Ficha informativa: Estrategia de Seguridad Nacional del gobierno Biden-Harris 9NSS 2022) el 12 de octubre de 2022 en la Casa Blanca. Dada la importancia de su contenido hemos decidido incluir al final de este documento el anexo numero dos con la información que consideramos de interés para el análisis de nuestro tema. (DS-USA, 2022).

contra las amenazas y desafíos compartidos que trascienden las fronteras nacionales en un mundo que se encuentra en un punto de inflexión. Tal y como el asesor de Seguridad Nacional, Jake Sullivan, afirma que este punto de inflexión se asemeja al inmediatamente posterior a la Segunda Guerra Mundial, cuando el entonces presidente, Harry S. Truman, promulgaba la estrategia con la que se desafiaba a la Unión Soviética. (WH.GOV., 2022). Esta estrategia 2022 rompe drásticamente con la anterior versión de 2017, aprobada por el presidente Trump. (Laborie, 2018). La más importante de las coincidencias es el carácter de "competición" que debe prevalecer en los Estados Unidos para continuar ejerciendo su Hegemonía Internacional, ahora enfocada a China como objetivo. La cooperación contra los llamados "desafíos compartidos que trascienden las fronteras de los países" que los Estados Unidos no podrán abordar solos, son articulados con otras naciones para lograr una verdadera competición global: "Proteger la seguridad del pueblo estadounidense, generar más oportunidades económicas y hacer realidad y defender los valores democráticos que son esenciales para el estilo de vida estadounidense". Anexamos un recuadro con el desglose del significado de estos tres intereses vitales planteados en el NSS 2022, que son analizados y compartidos por Mario Laborie en su publicación del Instituto Español de Estudios Estratégicos. (Laborie, La Estrategia de Seguridad Nacional de Estados Unidos 2022: el punto de inflexión de la década decisiva, 2022):

La Estrategia de Seguridad Nacional de Estados Unidos 2022: el punto de inflexión de la década decisiva.		
Fecha y Autor	*Tema*	*Descripción del acontecimiento*
17 de Nov. De 2022.		*Establece que el plan para lograr un futuro mejor en un mundo libre, abierto, seguro y próspero, está establecido por los poderes que combinan la gestión autoritaria con una política exterior revisionista, convertidos en los desafío estratégico más*

Mario Laborie (Laborie, La Estrategia de Seguridad Nacional de Estados Unidos 2022: el punto de inflexión de la década decisiva, 2022)	Competición.	apremiante a los que se enfrenta EE. UU. Este párrafo, sin citarlos, se refiere obviamente a China y Rusia.
		La NSS 2017 identificaba en términos similares a estas dos potencias como las competidoras directas de los intereses y valores estadounidenses.
		La nueva versión aclara que ambos países plantean diferentes desafíos que exigen respuestas diferenciadas: Rusia representa una amenaza inmediata y continua para el orden de seguridad regional en Europa y es una fuente de perturbación e inestabilidad a nivel mundial, pero carece de las capacidades de todo el espectro de la República Popular China.

		El antagonismo compartido contra EE. UU. alienta la relación entre China y Rusia, considerar a ambos países como un mismo reto no supone ningún beneficio para Washington.
		Biden pretende seguir un enfoque particularizado que sortee una alineación similar a la de la Guerra Fría, buscando la colaboración de otros actores en aspectos concretos: 'Queremos evitar un mundo en el que la competencia genere un mundo de bloques rígidos'.

La Estrategia de Seguridad Nacional de Estados Unidos 2022: el punto de inflexión de la década decisiva.		
Fecha y Autor	*Tema*	*Descripción del acontecimiento*
17 de Nov. De 2022. *Mario Laborie* *(Laborie, La Estrategia de Seguridad Nacional de Estados Unidos 2022: el punto de inflexión de la*	*Cooperación en los desafíos globales compartidos*	*Estados Unidos desearía la cooperación de otras potencias importantes en términos estadounidenses, o tratará de superar a potenciales competidores. Con este postulado, la anterior NSS 2017 coartaba las oportunidades de cooperación con países amigos y aliados, ya que se enfatizaba las rivalidades de poder y la necesidad de fortalecer los medios militares, ante cualquier circunstancia.*
		Visto el deterioro de la imagen de EE. UU. en el mundo, creado por esa visión estrecha de las relaciones internacionales, la nueva estrategia de

década decisiva, 2022)		*seguridad estadounidense afronta el difícil desafío de promover la cooperación entre las grandes potencias frente a las amenazas transnacionales, en una era de generalizada competencia por el poder.*
		El NSS 2022 sigue un enfoque de «doble vía» que implica trabajar con «aliados y socios de ideas afines», así como con «todos los países e instituciones», lo que incluye a los rivales geopolíticos, para abordar los cinco desafíos globales que representan una amenaza existencial para toda la humanidad: Cambio climático y seguridad energética; pandemias y biodefensa; inseguridad alimentaria; control de armamentos y no proliferación; y terrorismo.

		La estrategia recoge la lucha contra el crimen organizado transnacional en el que la cooperación entre estados es imprescindible. Se reconoce que esta criminalidad degrada la seguridad y la estabilidad de nuestros vecinos y socios al socavar el estado de derecho, fomentar la corrupción, actuar como representantes de actividades hostiles del Estado y explotar y poner en peligro a las poblaciones vulnerables'.

La Estrategia de Seguridad Nacional de Estados Unidos 2022: el punto de inflexión de la década decisiva.		
Fecha y Autor	*Tema*	*Descripción del acontecimiento*
	La defensa de la democracia.	*Los augurios sobre el estado de la democracia en EE. UU. no fueron favorables para la presidencia de Biden. La negativa del expresidente Donald Trump a reconocer el resultado de las elecciones de 2020 y el asalto al Capitolio el 6 de enero de 2021 produjeron un profundo desasosiego sobre el estado de las instituciones democráticas en el país.*
17 de Nov. De 2022.		*El actual presidente mantiene una visión del mundo caracterizada por la pugna democracia-autocracia.*

Mario Laborie *(Laborie, La Estrategia de Seguridad Nacional de Estados Unidos 2022: el punto de inflexión de la década decisiva, 2022)*		*La NSS 2022 refleja este enfoque y señala que 'la calidad de nuestra democracia en casa afecta a la fuerza y credibilidad de nuestro liderazgo en el extranjero' y que 'los Estados Unidos seguirán defendiendo la democracia en todo el mundo'.*
		El panorama mundial es complejo y esta competición ideológica, en tonos maximalistas, se opone a la necesidad de obtener apoyos de países no democráticos para defender el 'orden internacional basado en reglas'.
		Gran parte de África, Asia, Oriente Próximo y América Latina se ha negado a alinearse con Occidente en su creciente confrontación con Rusia y China, lo que constituye una señal de alarma para EE. UU. y sus aliados

		El NSS 2022 mantiene la lucha ideológica democracia-autocracia, concede que 'algunas partes del mundo están inquietas con la competencia entre los Estados Unidos y las autocracias más grandes del mundo'.

"Los americanos han sido tradicionalmente desconfiados de la diplomacia, ampliamente considerada como el reino de la intriga política dominada por la aristocracia y otras élites políticas que abrigaban poco interés en el bienestar del pueblo".

–José Luis Orozco–[17]

La Hegemonía Política Norteamericana

Joseph Robinette Biden Jr. y su eslogan "America is back" como presidente, busca en 2022 recuperar el liderazgo de las democracias y poner límites al expansionismo ruso. La experiencia de los anteriores presidentes, todos los cuales intentaron el acercamiento con la potencia euroasiática terminaron más lejos de ella de lo que estaban al llegar al poder. (Graham, 2019). En Washington, se llegó a creer que el breve periodo de sintonía con Moscú desde mediados de la década de 1980, se había

---

[17] Afirmación realizada y analizada en la obra: "Las raíces de la teología política norteamericana". (Orozco Alcantar, 2015).

convertido en la nueva norma de relación. Sin embargo, este periodo constituyó una anomalía, reflejada en la política exterior de Putin. (Bugayova, 2019). Claro, sin pasar por alto que Rusia no es están fuerte como parece cuando parece fuerte[18], ni tan débil como parece cuando parece débil.

Aun con estas condiciones, los Estados Unidos se continúan mostrando como una hegemonía bastante flexible que no le 'teme' al cambio. En todo su sentido pragmático, no busca tanto luchar contra tal cambio, sino más bien adaptarse a éste constantemente y por ende, no ser dogmático[19], sino pragmático

---

[18] La desintegración de la URSS no fue vista por los rusos como una derrota pero, de acuerdo con su academia, si fue así interpretada por los Estados Unidos y ello explica la evolución subsiguiente de las relaciones con Rusia. (Gerasimov, 2015).

[19] El reverendo Jerry Falwell, sintetizaba con eficacia, en sus apasionados sermones televisivos: 'De lo que tiene necesidad Norteamérica es de volver a los antiguos valores que la han hecho grande'. Lo que traducido en el sentir común de los norteamericanos conservadores, significaba volver a un modelo de sociedad patriarcal, centrado en la primacía de la familia y en la hegemonía cultural WASP (White Anglo-Saxon Protestant: blanco, anglosajón, protestante). (Pace & Guolo, 2006).

y esto, probablemente, forma parte de su gran éxito en términos de eficiencia y de ganancias hasta hoy en día. (Breczko, 2013). Estados Unidos conserva su oportunidad estratégica, no enfrenta el reto inmediato de un gran poder; es bendecido con riqueza, poder y aliados democráticos en cada parte del mundo y continua en medio de la más larga expansión económica de su historia. En ningún otro momento de la historia ha sido el orden de la seguridad internacional tan conveniente a los intereses e ideales Americanos. El reto es preservar y fortalecer esta "Paz Americana". (Mackay, 2009). Hablar de los Estados Unidos como hegemonía en ningún momento ha consistido en tratarlo en términos abstractos. Estados Unidos no constituye una hegemonía de Estado como totalidad, como hegemonía del 'pueblo americano', sino más bien es un dominio ejercido por los grupos de poder político y económico concretos (élites) que establecen un liderazgo a nivel nacional y lo expanden más allá de sus fronteras. (Breczko, 2013). Estas élites o clases históricas selectas, son las que, en la historia, han controlado las actividades y la política de generaciones. Por lo tanto, las clases históricas poseen propósitos selectos y han inventado formas de realizarlos. Sus maneras han sido imitados por las masas, puramente instintivas y en lo absoluto oracular de un pueblo que, jamás existe como un cuerpo que ejerce poder político. Nunca puede llevarse a cabo el menor esfuerzo sistemático para ilustrar a las masas. Sólo la élite de cualquier sociedad, en cualquier época, piensa, y el pensamiento del mundo se realiza por sus miembros mediante el trasplante de ideas de inteligencia a inteligencia, bajo la tensión y el forcejeo de los argumentos que entrechocan y las sacudidas del debate. (Graham Sumner, 1940).

El tono de la violencia, le permite concluir, que una de las condiciones de la hegemonía estadounidense en el siglo XXI contiene una dosis altísima de arrogancia moral[20], que es

---

[20] La americanización del mundo es nuestro destino", escribía en el "Manifesty Destiny" Teodoro Roosevelt en 1897. A él se le debe una glosa interpretativa de la doctrina Monroe, que legitima la intervención norteamericana en cualquier región del mundo. Los EE.UU., decía en un mensaje de 1904, no interferirían en la política interna de ningún Estado si éste se comportaba "con razonable eficiencia y decencia" en cuestiones político-sociales y si cumplía sus obligaciones financieras; de otro modo se sentían autorizados a "ejercer una función constructiva, de policía

capaz de introducir justificaciones ideológicas y elaboraciones doctrinarias para la justificación de un poder global con capacidad de exterminio unilateral y sustentado sobre las ventajas tecnológicas y estratégicas adquiridas en el transcurso de los últimos 50 años. (Bezares Buenrostro, 2013). Esta alta dosis de arrogancia continua siendo alimentada por algunos sucesos internacionales que le permiten enviar mensajes; tal es la respuesta estadounidense a la agresión rusa donde no ha permitido que Rusia consiga sus objetivos en Ucrania y en ello ha comprometido a la Alianza Atlántica y, a pesar de las dificultades internas, a la Unión Europea y al conjunto de Occidente. El mensaje es claro: el coste para Rusia está siendo inasumible, y lo sería también para China si optara por una invasión de Taiwán. Las declaraciones de Biden han ido más allá. (Piqué J. , 2022). En Ucrania, el apoyo a ese país y a su gobierno legítimo es indiscutible, pero no incluye implicación militar sobre el terreno ni participar en operaciones aéreas de exclusión, para evitar una confrontación

---

internacional". El presidente John Adams, quien fue el que formuló la doctrina Monroe, afirmaba, muy suelto de cuerpo: "Nuestra república, pura y virtuosa, tiene por destino gobernar el globo e introducir en él la perfección del hombre". (Fukuyama, 1992).

directa de la OTAN con Rusia. En el caso de Taiwán, el compromiso incluye esa vertiente de implicación militar, además de la involucración directa de otros aliados en la zona, como Australia, y el apoyo explícito de Japón y Corea del Sur, entre otros. Estados Unidos sin lugar a duda no espera una respuesta inmediata de China a su mensaje y como lo comenta Luis Esteban G. Manrique se ha iniciado una guerra fría tecnológica. (Manrique L. E., 2022):

> *"Joe Biden ha declarado una guerra fría tecnológica para 'desacoplar' las economías china y estadounidense. Aunque 'el divorcio será caro' y compañías de ambos países, así como de terceros, se verán afectadas, Washington confía en que tarde o temprano sus aliados seguirán sus pasos".(Pág.1).*

El gobierno a través de la oficina de Industria y Seguridad del departamento de Comercio de Estados Unidos, publicó una serie de regulaciones en relación al veto a las exportaciones a China de semiconductores avanzados, indispensables para la moderna tecnología que se está produciendo en todo el mundo, hermanada a la inteligencia artificial (AI). Estas regulaciones afectan también a compañías que no tengan relación con el ejército o servicios de inteligencia; es amplia y directa para el comercio chino. Por ejemplo según estos controles de exportación, los semiconductores fabricados con tecnología estadounidense de alto rendimiento solo podrán venderse a China con una licencia de exportación. Igual Washington aprobará los casos de ciudadanos o entidades del país que deseen trabajar con productores de chips chinos. (Ortega, La guerra fría de los chips, 2022). Y de la misma manera se restringen las exportaciones a China de herramientas y tecnología de fabricación de chips que las empresas chinas puedan utilizar para fabricar sus propios equipos. Escribe Jon Bateman en Foreign Policy, la administración de Joe Biden ha declarado una guerra fría tecnológica para "desacoplar" a su economía a China "Biden ahora está dispuesto a sacar a China: "El presidente de Estados Unidos se ha comprometido a una rápida disociación, sean cuales sean las consecuencias". (Bateman, 2022). Esto China ya lo veía venir e intento algunas estrategias para preverlo, Manrique lo remarca. (Manrique L. E., 2022):

> *"El plan Made in China que en 2015 anunciado por el primer ministro, Li Keqiang,*

planteaba alcanzar en 2025 el liderazgo mundial en 10 sectores tecnológicos clave, entre ellos el aeroespacial, IA, robótica y vehículos eléctricos. Al día siguiente del anuncio el BIS, Shenzen, el principal nodo tecnológico chino, igual anunciaba nuevos incentivos financieros, exenciones fiscales y subsidios a I+D para la industria de semiconductores. El banco central chino creo líneas de crédito especiales para el sector".(Pág.2).

Lamentablemente esto no ha sido suficiente para prever la medida que llega por parte del gobierno de Biden, ya que solamente en 2021, China importaba 400.000 millones de dólares de semiconductores debido a que su producción solo cubría el 30% de la demanda interna. La estrategia fue directa y como evidencia, Xi Jinping en su discurso ante el XX Congreso del Partido, el reelegido presidente chino, mencionó 40 veces la palabra "tecnología"[21], subrayando la necesidad de la autosuficiencia tecnológica. Taiwán produce el 92% de los

---

[21] 19 de los 20 fabricantes mundiales de semiconductores de mayor crecimiento son chinos, el grueso de su producción son chips de baja y media gama. (Manrique L. E., 2022).

semiconductores de avanzados y Corea el Sur el resto. Estados Unidos domina el diseño y la producción inicial, lo más complejo y sofisticado del proceso. Continua Manrique, (Manrique L. E., 2022):

> *"La Taiwán Semiconductor Manufacturing Co. es el mayor fabricante mundial, pero Estados Unidos controla los nodos de su cadena de suministro, lo que permite al BIS imponerle condiciones a sus transferencias de tecnologías a través de la norma sobre Productos Directos en el Extranjero. Merece la pena señalar que TSMC, que representa el 15% el PIB de Taiwán, produce el 53,4% de los semiconductores y el 92% de los chips más avanzados del mundo. En 2021, superó a la china Tencent como la empresa asiática de mayor valor en bolsa. En Taipéi representa casi un 30% de su capitalización".(Pág.3).*

La estrategia de Washington es clara, neutralizar y asfixiar el actual desarrollo tecnológico chino, específicamente la inteligencia artificial y las supercomputadoras. Confirmando que China es el único rival con la intención y los medios para aspirar a reconfigurar el orden mundial. En junio del 2022, el Senado norteamericano aprobó la Ley de Innovación y Competencia[22] que da luz verde a la política industrial. La industria norteamericana de semiconductores está siendo estimulada por lo pronto con unos 52.000 millones como incentivos en la creación de nuevas plantas y en la relocalización de sus cadenas de suministro en suelo norteamericano, (Arcesati & Hmaidi, 2022) que harán sentir su efecto multiplicador.

En el año 2000 Estados Unidos impulsó el ingreso de China a la Organización Mundial de Comercio, esperando que su sistema político creara conciencia y se acercara a los sistemas democráticos. En 2021 John Mearsheimer escribió en Foreign Affairs que

---

[22] El cambio de política fue impulsado por la evidencia de que las ventas de chips a empresas chinas habían estado favoreciendo al desarrollo militar de China, incluidos sus programas de armas nucleares e hipersónicas, y a las iniciativas de vigilancia. Fue una respuesta a la estrategia de Pekín de fusión militar-civil, que buscaba convertir la IA comercial en aplicaciones militares. Washington decidió congelar el desarrollo de los semiconductores chinos a los niveles de ese momento y a limitar el progreso de la IA del país, afectando a los usuarios finales y a las aplicaciones comerciales si era necesario. (Arcesati & Hmaidi, 2022).

no existe en la historia un caso similar en el que una gran potencia ayudara tanto al ascenso de una potencia rival. (Mearsheimer, 2021):

> *"Fue una elección trascendental. Hace tres décadas, terminó la Guerra Fría y Estados Unidos había ganado. Ahora era la única gran potencia del planeta. Escudriñando el horizonte en busca de amenazas, los formuladores de políticas de EE. UU. parecían tener pocos motivos de preocupación, y especialmente no sobre China, un país débil y empobrecido que se había alineado con los Estados Unidos contra la Unión Soviética durante más de una década".(Pág.1).*

Australia, India, Japón están generando proyectos trilateral para la resiliencia de las cadenas de suministros, con el objetivo de sacar a sus empresas de China. Jake Sullivan el consejero de Seguridad Nacional en la Casa Blanca, afirmaba que Estados Unidos no buscaba cortar el amplio intercambio tecnológico y económico con China, o apuntar a una profunda separación de sus economías, sino levantar barreras en torno a las tecnologías que su país considerara estratégicamente importantes. Claro sin hacer a un lado el interés de mantener la mayor ventaja posible en las tecnologías y sus ramificaciones. (WH, 2022). La visita oficial de Nancy Pelosi, a Taiwán lanzó un mensaje a China de protección de la isla, pero también hizo llegar un mensaje oficial a los directivos de "Taiwán Semiconductor Manufacturing Company, su interés por reforzar la fabricación de semiconductores avanzados en su propio territorio. (Ortega, La guerra fría de los chips, 2022). Una monopolización en la exportación de chips puede llevar a una nueva escasez en el mundo. Estos nuevos controles de exportación serán un duro golpe para la industria china y ella intentará reforzar los esfuerzos por construir una cadena de suministro de semiconductores nacional. El precio en un primer momento será no tener la capacidad para competir con los líderes de la industria mundial. (Arcesati & Hmaidi, 2022). Dada la importancia de China, el mundo podría acabar dividido en dos ecosistemas de semiconductores distintos. Europa podría verse tentada a formar parte de ambos, aunque el éxito dependería de cómo Estados Unidos aplique sus normas.

Quizás como afirma Chris Miller (Miller, 2022) en su libro "Guerra de chips: la lucha por la tecnología más crítica del mundo" la lucha por controlar esta industria determinará nuestro futuro, dado que los semiconductores están llegando a desempeñar un papel fundamental en la vida moderna.

"Continuaremos oponiéndonos con firmeza a todas las hegemonías y políticas de poder, y defendiendo resueltamente los derechos e intereses legítimos de los países en desarrollo, especialmente los países pequeños y medianos".

–Posición Oficial de China en 2022 frente al conflicto Ucraniano[23]–

China

El historiador Voskresenskii consideró que no fue hasta los años noventa cuando Rusia y China lograron un equilibrio en sus relaciones por primera vez en el siglo XX. (Voskresenskii, 1999). En 1996, Rusia y China firmaron un acuerdo de Asociación Estratégica que se ha desarrollado hasta convertirse en una pieza central de sus políticas exteriores. Sus líderes se reúnen varias veces al año, a veces de forma bilateral y otras en marcos como el de la Organización de Cooperación de Shanghai, y otras en

---

[23] Posicionamiento realizado el 25 de febrero del 2022 por parte de Wang Yi, representante Diplomático Chino. (MFA, 2022).

eventos como las cumbres del G-8. Al mismo tiempo forman parte del grupo de los BRICS que ahora celebra sus propias cumbres anuales, ambas tienen nuevas oportunidades tanto de promover sus propios intereses de forma global, como de actuar como líderes de Estados en desarrollo que están tratando de inclinar la balanza del poder mundial en su favor respecto de Occidente. (Ferdinand, 2012). Para comprender dicha relación vale la pena recordar algunos antecedentes históricos que van desde la victoria de los comunistas chinos en la guerra civil y la creación de la República Popular en 1949, hasta el inicio del periodo de "luna de miel" en la cooperación militar y económica, que duró hasta el "Gran Salto Adelante" de 1957-1958. Éste consistió en el intento de Mao de crear un modelo chino de desarrollo socialista claramente diferente del de la Unión Soviética y Europa del Este. (Dikotter, 2010). Los resultados económicos de China de este periodo quedaron registrados en la historia como catastróficos por la gran cantidad de personas que murieron por inanición. Mao culpó del fracaso a la URSS y a sus críticos dentro del Partido Comunista Chino (PCCh). Por la parte soviética, los líderes rusos se horrorizaron al percibir en Mao la voluntad de arriesgarse a una guerra nuclear con

Occidente, por lo que se negaron a suministrar tecnología nuclear a China[24]; aunque el PCCh desarrolló la suya de todas formas. Esto dio lugar rápidamente a la disputa chino-soviética que dominaría las relaciones bilaterales hasta la perestroika. Antes de la llegada de la gran reforma rusa, pareció que estaba comenzando un giro histórico en las relaciones y los líderes chinos mostraron un moderado optimismo sobre la cooperación futura, sin embargo, sus esperanzas se vinieron abajo bruscamente con la disolución de la URSS. Los líderes chinos se concentraron en un análisis de las causas del hundimiento de regímenes buscando identificar mecanismos con los que prevenirlo. (Shambaugh, 2008). Esta etapa también se distinguió por la profunda desconfianza hacia el presidente Yeltsin, considerado como el gran excomunista, reflejándose en la diplomacia china por las radicales reformas políticas y económicas rusas.

---

[24] Harrison Salisbury, describe en un libro sobre la connivencia del KGB que predecía una inminente e inevitable guerra nuclear entre la URSS y China. (Salisbury, 1969).

Las relaciones ruso-chinas tardaron algunos años en reconstruirse y fue hasta 1996 en que Yeltsin propuso la firma de una "asociación estratégica", aceptada por los chinos y estampada por una declaración conjunta sobre el futuro orden mundial. En 1997 las dos partes crearon un elaborado mecanismo de cooperación que establecía reuniones periódicas de los jefes de gobierno, un comité intergubernamental que prepararía dichos encuentros. En 1999 Yeltsin hizo su última visita como presidente a China y durante los dos siguientes tras la sucesión de Yeltsin por Putin, se percibieron vacíos en su política exterior, en parte por la falta de relación de este último. (Wilson, 2004). En 2001 firmaron un Tratado de Buena Vecindad y Cooperación Amistosa que duro hasta 2003, en que Hu Jintao como presidente, presionó a Rusia y reclamó el cumplimiento de sus compromisos.

La invasión estadounidense y británica de Irak fortaleció el acercamiento entre rusos y chinos, por los vínculos que tenían con el régimen de Saddam Hussein, temiendo que esta acción fuera un precedente para cambio de regímenes en otras partes del mundo. Rusia y China reforzaron así su cooperación para tratar de prevenir nuevas intervenciones de Estados Unidos, aprovechando también un momento de éxito económico. China pudo beneficiarse de su ingreso en la OMC en 2001 incluso por encima de las predicciones más optimistas de su gobierno. Rusia se benefició de un fuerte aumento de los precios mundiales de la energía, en parte provocado por la incertidumbre en relación con Irak; también acumuló rápidamente nuevas reservas de divisas, que había agotado casi por completo en 1998. (Ferdinand, Russia and China: Converging Responses to Globalization, 2007). El proceso de acercamiento entre ambos países se dio en 2004 con la búsqueda de un acuerdo para evitar enfrentamientos y sumar estrategias económicas prosperas.

Seguido a esta etapa la política exterior a nivel global se fortaleció dado la coincidencia de Rusia y China por colaborar en forma mutua como una forma de contrarrestar la hegemonía de Estados Unidos, promoviendo un mundo multipolar. Aun cuando ya en 1997, habían emitido una declaración conjunta sobre un nuevo orden mundial más justo. Igual reclamaron una reforma de las Naciones Unidas para convertirlas en un elemento mucho más importante de la gobernanza global. (Materials, 2017). En

2005 fue renovada y destacaron la necesidad de que los países en desarrollo tuvieran un papel mayor en la gobernanza internacional. (Republic, 2005). A nivel regional, Rusia y China comparten numerosas posiciones comunes que se reflejan en su diplomacia en el Consejo de Seguridad, por ejemplo sobre Irán, Corea del Norte, Siria o Libia; aunque, como señala Lukin, China se opone frontalmente a la reunificación coreana. (Lukin, 2009). A nivel bilateral, ambos regímenes han intentado crear una red más amplia de confianza entre sus respectivas élites.

Además de las Naciones Unidas, Rusia y China comparten también posiciones comunes en su deseo de que el orden económico internacional abandone gradualmente su dependencia exclusiva del dólar estadounidense como única moneda de reserva. A largo plazo, se plantean que sus propias monedas tengan un papel internacional mucho más relevante, pero esto requeriría una apertura mayor de sus economías, algo a lo que no están dispuestas aún. (Ferdinand, Las relaciones ruso-chinas: asociación estratégica ¿y más allá?; Rusia en la sociedad internacional Perspectivas tras el retorno de Putin, 2012). En esta la dimensión económica, para China es la más importante, ya que el objetivo primordial del régimen siempre ha sido mantener la tasa de desarrollo económico y para Rusia es una especial preocupación desarrollar la región del Lejano Oriente, contando con ayuda de la inversión china. El lento crecimiento registrado durante las primera década del siglo, obligó al gobierno chino ha expresar que se sentía decepcionado con el ritmo relativamente lento de crecimiento en el comercio bilateral y con la resistencia rusa a abrir sus mercados a las exportaciones de China. Lukyanov señaló en su documento ruso "Estrategia 2020" de marzo de 2012 que identificaban el crecimiento del potencial económico chino como el principal riesgo para el estatus económico internacional de rusia, contradiciendo de forma abierta las metas y acuerdos económicos. (Lukyanov, 2012). China se sintió decepcionada en el pasado por la insuficiente disposición de Rusia a llevar a la práctica los acuerdos de exportaciones. Bajo este enfoque puede ser muy válida la afirmación de Bobo Lo, de que no existe una visión estratégica clara de hacia dónde conduce esta asociación, aparte de en la dirección general de un mundo multipolar, con el que desearían reemplazar la hegemonía de Estados Unidos. Para Lo, la relación se ha tratado de un "eje de conveniencia"[25]. (Lo, 2008). Aun cuando en el año 2021 las exportaciones de la Federación Rusa aumentaron más del 35% y en el primer trimestre de 2022 siguieron creciendo, para marzo de 2022 las importaciones de productos chinos habían comenzado a ralentizarse nuevamente. afectado en particular a los productos de alta tecnología: maquinaria, equipos, componentes y otros bienes industriales, cuyos principales fabricantes chinos temían sanciones secundarias de Estados Unidos y, aunque en menor medida, de la UE y del Reino Unido. En el primer trimestre de 2022, Moscú y Pekín se vieron en la necesidad de desarrollar nuevas condiciones mutuamente aceptables que redujeran los riesgos para los proveedores chinos y garantizaran el cierre de las brechas

---

[25] Un buen ejemplo de esto es, si Rusia quiere hacer realidad una mayor presencia en Asia, China será necesariamente su principal puerta de entrada, Gaye Christoffersen, en un artículo del 2010, en que destaca que la presencia rusa en Asia-Pacífico depende de su asociación estratégica con China, aunque Rusia no se sienta cómoda con su dependencia de China, entendiendo que hay que no se trata de una opción sustitutiva, sino complementaria. (Christoffersen, 2010).

abiertas en el mercado ruso por la ruptura de vínculos económicos con las empresas occidentales y al contrario de lo esperado China incrementa sus diferentes importaciones con Rusia.[26] (Milosevich-Juaristi M. , Vladimir Putin y Xi Jinping: no siempre juntos, pero nunca enfrentados, 2022) China continuará promoviendo sus intereses, comprando recursos naturales rusos a precios de derrumbe, ampliando el mercado de tecnología china, promoviendo sus propios estándares tecnológicos y haciendo del yuan la moneda regional predeterminada en todo el norte de Eurasia. Debido al ostracismo ruso y a su ruptura decisiva con Occidente, su dependencia económica y política se

---

[26] Desde febrero del 2022, China aumento sus compras de hidrocarburos rusos. A medida que Europa redujo su dependencia de la energía rusa y de otros recursos minerales, el Kremlin tuvo que dirigir sus exportaciones a Asia, principalmente a China, una opción lógica debido a la geografía (oleoductos terrestres existentes, comercio marítimo), y a su capacidad para proporcionar instrumentos de pago en yuanes como alternativa a los vinculados a dólares estadounidenses, euros, yenes japoneses, francos suizos o libras esterlinas. En los siguientes siete meses, las exportaciones rusas a China crecieron un 48,8% hasta los 61.450 millones de dólares. (Gabuev, 2022).

intensifica, quizá hasta el punto de llegar a convertirse en vasallo de esta. Finalmente se concluye que para China los Estados Unidos continúa siendo el más atractivo por representar al mercado potencial de consumo más amplio.

Veamos el siguiente recuadro de información tomada de R. Hernández (Hernandez, 2006) que nos ilustra de forma histórica el comportamiento del comercio entre China y Estados Unidos desde el siglo pasado. (Correa Serrano, 2013):

Acuerdos comerciales China – Estados Unidos		
Año	*Acuerdo - Tratados*	*Objetivos*
1979	*Firma del tratado de Relaciones comerciales y políticas.*	*Ambos países inician la formalización y normalización de las relaciones económicas, políticas y en materia de seguridad.*

1979	*Firma del acuerdo de Comercio de Textiles*	*Formar un centro manufacturero regional que aproveche las ventajas productivas de cada una de las economías.*
1980	*Firma de Acuerdo para Evitar la Doble Tributación*	*Reducir el pago de aranceles.*
1992	*Firma de acuerdo Bilateral*	*Otorgar acceso a los respectivos mercados e impulsar las exportaciones estadounidenses.*
1993	*Sistema económico Socialista de mercado*	*Plan de acción para la protección de la propiedad intelectual.*

Acuerdos comerciales China – Estados Unidos		
Año	Acuerdo - Tratados	Objetivos
1997	Acuerdo para el Acceso a los bancos estadounidenses	Capitalizar los grandes bancos estatales, hasta con un 25% de capital extranjero.
1999	Acuerdo bilateral sobre el acceso de China a la Organización Mundial de Comercio	Facilitar el comercio con los miembros y establecer las reglas de origen.
2001	Ingreso de China a la OMC	
2002	Firma del Memorándum de Entendimiento Estados Unidos – China (MOU) sobre derechos de propiedad intelectual (IPR).	Imponer límites a las exportaciones de tecnología con potencial de aplicaciones militares y no civiles en general

2003	*100% de inversión extranjera en facilidades turísticas (hoteles).*	*Impulsar el turismo bilateral, tales como las restricciones a las visas impuestas desde septiembre de 2001.*
2004	*Eliminación en las restricciones para distribuir bienes importados.*	*Fomentar la confianza mutua y rebajar los controles sobre las importaciones y exportaciones.*
2005	*Se completa la mayoría de las reducciones arancelarias y eliminadas las restricciones geográficas a los teléfonos celulares.*	*Impulsar el mercado de las TIC's.*

Acuerdos comerciales China – Estados Unidos		
Año	*Acuerdo - Tratados*	*Objetivos*
2006	*Eliminación de la mayoría de las cuotas. Expectativas del cumplimiento total del acuerdo comercial EU-China.*	*Fomentar la confianza mutua y rebajar los controles sobre las exportaciones.*
2007	*Reducción arancelaria al 10% en el sector automotriz.*	*Fomentar la industria automotriz y la Inversión extranjera en este rubro.*
2009	*Eliminación de las salvaguardas a los textiles por parte de los Estados Unidos.*	*Sólo en dos tipos de bienes las reglas de la OMC permiten restricciones: productos agrícolas y textiles.*
2013	*Fecha final para la protección por parte del congreso de Estados Unidos contra el rápido incremento de las*	*Otorgar acceso a los respectivos mercados e impulsar las exportaciones estadounidenses.*

	importaciones.	
1993	Sistema económico Socialista de mercado	*Reducir el déficit comercial con China e imponer límites de manera unilateral a las importaciones desde China.*

Veamos también la previsión de crecimiento del PIB de China y su comparativo con algunos países tomando como base la información publicada por el Banco Mundial.

País	% en 2020	% en 2021	% en Abril 2022	% en Octubre 2022	% en 2023
Sureste Asiático y Pacífico	1.2	7.7	5.0	3.2	4.6
ASEAN-5	-3.8	3.4	4.9	5.4	5.1
China	2.2	8.1	5.0	2.8	4.5

Indonesia	*-2.1*	*3.7*	*5.1*	*5.1*	*5.1*
Malasia	*-5.5*	*3.1*	*5.5*	*6.4*	*4.2*
Filipinas	*-9.5*	*5.7*	*5.7*	*6.5*	*5.8*
Tailandia	*-6.2*	*1.5*	*2.9*	*3.1*	*4.1*
Vietnam	*2.9*	*2.6*	*5.3*	*7.2*	*6.7*
Camboya	*-3.1*	*3.0*	*4.5*	*4.8*	*5.2*
Laos	*0.5*	*2.5*	*3.8*	*2.5*	*3.8*
Mongolia	*-4.4*	*1.6*	*2.5*	*2.4*	*5.5*
Myanmar	*3.2*	*-18.0*	*1.0*	*3.0*	
Países insulares del Pacífico	*-9.5*	*-3.3*	*2.9*	*5.3*	*5.7*

Estos porcentajes representan el crecimiento porcentual del PIB a precios de mercado. ASEN-5 comprende Indonesia, Tailandia, Filipinas, Malasia y Vietnam. Estas proyecciones del Banco Mundial muestran la realidad competitiva del gigante económico.

Durante esta última década China ha cambiado lo que ofrecía a sus potenciales aliados. En ella la Iniciativa de la Franja y la Ruta, prometía a los países asociados una provisión generosa de financiación para proyectos de infraestructura y desarrollo, mientras las autoridades chinas creaban una poderosa red de relaciones económicas, financieras, políticas y de seguridad en todo el mundo. Pero esas inversiones se han reducido a medida que China ha endurecido su estrategia comercial sobre la inversiones en el extranjero. (Woods, 2022). Hace algunos años, el presidente Xi Jinping prometía apoyar un orden global basado en reglas. Pero en el 20.º Congreso Nacional del Partido Comunista de China celebrado en octubre del 2022, y citando como argumento profundos cambios en el panorama internacional e intentos externos de chantajear, contener e imponer un bloqueo a China, declaró:

"tenemos que poner en primer lugar nuestros intereses nacionales". (Infobae, 2022).

La mejor evidencia es la actitud de Xi Jinping, ante las acciones que esta tomando China, y que corresponde a sus acciones y declaraciones frente al conflicto ruso-ucraniano del 2022 que ya le antecedían registros históricos de apoyo chino-ruso, pero no incondicionales, sino orientados a continuar con su única meta: mejorar sus condiciones económicas como país a nivel global. China apoyó a Rusia en el conflicto ruso-ucraniano 2014, pero no en su enfoque de invasión armada. Durante ese hecho y ante el Consejo de Seguridad, no condenó la invasión y posterior anexión de Crimea, pero nunca la ha reconocido. Como muestra, ha incrementado sus relaciones comerciales con Ucrania, importando grano e infraestructuras. Durante 2016 se generó una línea directa entre China y Ucrania por tren y ferry, además del impulso de uso puertario de Chornomorsk en el Mar Negro. China invirtió en una nueva línea de metro en Kiev, comprometiendo futuras inversiones e intercambios comerciales que aspiran a llegar a 20.000 millones de dólares anuales en 2025. (Ortega, China ante Ucrania: evitar que la OTAN se inmiscuya en el Indo-Pacífico,

2022). En conflicto 2022 China continua ayudando a Rusia por las sanciones impuestas, continua comprándole crudo y gas, e impulsando el uso del yuan frente al dólar que se cierra al mercado ruso. Aunque durante las últimas décadas China y Rusia han logrado estar más unidas una a la otra, sus intereses nacionales no son completamente coincidentes.

Rusia

En Rusia se interpreta que si por trescientos años Ucrania fue del Imperio Ruso[27] y de la Unión Soviética, nada debe interponerse para que pueda volver a tener un sólido vínculo que le una a Moscú. Recordemos que a finales del siglo XVII con Pedro el Grande, el Imperio zarista ya había incorporado a Ucrania. En 1903, Lenin había propuesto el reconocimiento del derecho a la autodeterminación de las naciones oprimidas por Rusia. Con ello se establecieron las bases con las que en el futuro se resolvería la cuestión de la integración territorial de las repúblicas de la URSS, las cuales tenían reconocido el derecho de separarse libremente

---

[27] Para el historiador británico Geoffrey Hosking, "Gran Bretaña tuvo un imperio, pero Rusia fue un imperio y quizás lo siga siendo". (Zevelev, 2022). No cabe duda de que la actual élite que dirige el país siente una fuerte nostalgia imperial, ya que en su mayoría formó parte de la maquinaria estatal soviética. (Galeotti, 2019). El Imperio ruso, que recibe tal nombre desde el zar Pedro I, constituye la expresión de los afanes, cuyos orígenes se pueden remontar a la Rus de Kiev, relativos a aglutinar y controlar las tierras y las poblaciones de eslavos orientales, expansión que se produjo a un ritmo muy elevado, generando un imperio de una magnitud colosal, si bien, a principios del siglo XX, apenas la mitad de la población del mismo era de etnia rusa. (Hosking, 1997).

de ella. En 1991 Ucrania declaró su independencia, y decretó la suspensión de la actividad del Partido Comunista. El asunto territorial de Crimea, que había sido transferida en 1954 por Kruchov de Rusia a Ucrania y tenía el estatus de república autónoma, fue un importante reto zanjado en marzo de 1994 cuando Moscú firmó con Kiev un compromiso que reconocía que Crimea formaba parte del territorio ucraniano, así como la inviolabilidad de sus fronteras. (Pardo de Santayana, 2021). Durante la cumbre de Bucarest en 2008, solicito Ucrania y Georgia ingresar a la OTAN y esta decisión fue aplazada[28]. La percepción occidental fue que Rusia no tenía capacidad para impedirlo, así lo afirma Thomas P. Ehrhard; Estados Unidos se sentía vencedor, y Rusia como país débil, no solo debía sufrir lo que le

---

[28] "La negativa de Alemania y Francia a otorgar un Membership Action Plan (MAP) a Ucrania y Georgia en la Cumbre de Bucarest de la OTAN de abril de 2008, a pesar de la insistencia norteamericana, supone en cierto modo un cambio de la tendencia de la relación, al percibir esos países que se había llegado a un extremo en las relaciones con Rusia perjudicial para sus propios intereses nacionales y los de Europa en su conjunto'. (Ruiz, 2012).

correspondía, sino que además era ignorado. El Kremlin, respondió con la breve campaña militar de Georgia de agosto de aquel año que tuvo una respuesta muy tímida de Occidente y fue seguida por una rápida recuperación de las relaciones entre ambas partes. (Ehrhard, 2019). En 2014[29], nuevamente Ucrania trata de ingresar en la OTAN[30] y nuevamente se despliegan fuerzas militares en Crimea, comenzando a maniobrar en la parte occidental para tomar el control de los territorios más prorusos. En los meses

---

[29] El éxito obtenido primero en Crimea y Donbas, en 2014, y después en Siria a partir de 2015 ha permitido a Putin situar su país como potencia global. Desde su consolidada posición de fuerza en Oriente Medio, Rusia está extendiendo aún más su vector estratégico por el Mediterráneo oriental, África e Iberoamérica. (Pardo de Santayana, El desencuentro con Rusia y las claves de su estrategia militar, 2020).

[30] En 2022 durante el recurrente conflicto de Rusia con Ucrania el dirigente Olaf Scholz de Alemania hizo un recordatorio sobre el tema de la OTAN "en 2008 junto a Georgia, recibió la invitación para unirse y desde entonces, las posibilidades de membresía del país del Este y su camino hacia la unión militar apenas habían variado. Ucrania necesitaba reformas para entrar y también se necesita consenso y le extrañaba ver cómo el Gobierno ruso está planeaba como un gran problema político algo que prácticamente no estaba en la agenda". (Sahuquillo, Alemania y Ucrania chocan sobre el suministro de gas y la entrada en la OTAN, 2022).

posteriores, la cooperación militar e industrial se paralizo, la banca rusa fue sancionada, el comercio reducido drásticamente y las importaciones de gas bajaron de manera catastrófica. (Sherr, 2020). El resultado previo a todos estos sucesos se ha visto reflejado en un nulo avance diplomático, sumado a iniciativas rusas por tratar de impedir que Ucrania ingrese a la OTAN o la UE; todo indica que la única solución que Moscú aceptara es la neutralización del país vecino. Pero desde el enfoque jurídico las invasiones rusas hacia Ucrania son una violación del derecho internacional, un uso ilegítimo de la fuerza sin autorización del Consejo de Seguridad de Naciones Unidas. No es algo habitual, pero tampoco excepcional. La mayoría de las veces por obra de Estados Unidos y de Rusia. Como lo subraya José Pardo, los intentos de ingresar por parte de Ucrania a la OTAN han terminado en afectación para este. (Pardo de Santayana, El desencuentro con Rusia y las claves de su estrategia militar, 2020):

"La pretensión de seguir expandiendo la OTAN ha arruinado Ucrania, ha elevado notablemente la inseguridad en el este europeo, ha contribuido a la configuración de un orden internacional multipolar y se ha pasado de una Rusia mal armada que reclamaba un área de influencia inmediata a otra más agresiva y con un potente perfil militar que ha ampliado notablemente su ambición y radio de acción estratégicos". (Págs.10-11).

Uno de los factores que hace tan difícil resolver la actual guerra de Ucrania en 2022 es su saturación de historia, librándose sobre un suelo con múltiples estratos de episodios bélicos anteriores. (Manrique, La cultura, campo de batalla entre Moscú y Kiev, 2022). La denominada rusofobia, ha podido dañar irreparablemente el carácter cosmopolita y el prestigio de los ucranianos. El efecto ha llegado al punto que las autoridades municipales lanzaron iniciativas para 'descolonizar' sus ciudades cambiando los nombres de calles, plazas y paradas de metro que evoquen la historia del imperio ruso o la Unión Soviética.

Prevalecen las razones económicas, de seguridad y de influencia internacional, como estratégicas para el Kremlin buscando mantener el control sobre las vecinas repúblicas exsoviéticas que son consideradas un área de influencia irrenunciable, con la exclusiva excepción de las repúblicas bálticas, cuyo acercamiento a Europa occidental es inevitable. Esta visión ya prevalecía en Rusia, antes de la llegada de Putin al poder, había sido impulsada como parte de la doctrina Primakov que proponía los siguientes principios para la política rusa. (Rumer, 2019):

- *Promover un mundo multipolar administrado por un concierto de grandes potencias que puedan contrarrestar el poder unilateral de Estados Unidos.*
- *Insistir en su primacía en el espacio postsoviético y liderar la integración de esa región.*
- *Oposición a la expansión de la OTAN. (Pág.1).*

En el año 2000 con la llegada de Putin al poder, se buscó reconducir la relación con la OTAN sobre las bases de la colaboración y el respeto de los intereses recíprocos, pero esto no sucedió[31] y a partir del 2006, se retomó la doctrina Primakov para la proyección de poder global ruso. (Blank, 2020). Moscú finalmente busco una alianza estratégica con Pekín y esta devolvió a Rusia una ambición geoestratégica global. El mérito de Putin es haber devuelto a Rusia esa confianza, y ello por un precio, renunciar a un sistema político y de Derechos Humanos que equiparase a Rusia con un Estado democrático y moderno, extremos que no es seguro se mantenga en las vocaciones del inconsciente colectivo ruso. A cambio, se acuñó un término novedoso, el de democracia soberana,[32] que dio un peligroso margen de interpretación y actuación a los ideólogos del Kremlin, dándole a el Estado,

---

[31] No era de esperar que la Federación de Rusia lo fuera a aceptar. Por experiencia histórica y circunstancias geográficas Rusia es una nación desconfiada y victimista. (Pardo de Santayana Gómez Olea, 2017).

[32] Democracia soberana es un término que describe la política rusa moderna utilizado por primera vez por Vladislav Surkov el 22 de febrero de 2006 en un discurso ante una reunión del partido político ruso Rusia Unida. Según Surkov, la democracia soberana es la vida política de una sociedad donde los poderes políticos, sus autoridades y decisiones son decididos y controlados por una nación rusa diversa con el fin de alcanzar el bienestar material, la libertad y la equidad de todos los ciudadanos, grupos sociales y nacionalidades, de las personas que la forman. (Lab., 2022).

manos libres y consentimiento social para ejecutar su política internacional. (Serra, 2012). Dicha aplicación, permea para que parte de la clase política e incluso intelectual rusa, vuelva a esgrimir viejos fantasmas antieuropeos, antioccidentales e incluso antimodernos, tales como el recurso a la tradición xenófoba del paneslavismo y la panortodoxia.

La política exterior Rusa, como la de todos los Estados, se explica atendiendo los tres factores domésticos que la condicionan. Todos ellos coinciden para dar el apoyo interno a un régimen, para este caso el de Vladimir V. Putin, en la situación económica y el afán de su sociedad por recuperar la relevancia internacional del país. (Garrison, 2003). El primer factor a tomar en consideración, es el surgimiento de una tímida oposición política al actual presidente, fundamentada a partir del anuncio de la pretendida ampliación de mandatos. Un segundo factor condicionante de la política exterior es la situación económica. Su tercer factor interno que pesa sobre la política exterior donde la sociedad rusa busca recuperar el poder y el estatus político de potencia mundial. El mejor ejemplo continua siendo la recuperación de ese orgullo nacional que se ha producido con la anexión de Crimea a la que se asocian valores identitarios rusos. Para reafirmar el segundo factor pudimos ver como Berlín y Moscú que compartían numerosos acuerdos económicos y lazos históricos, entre ellos la dependiente del gas ruso; en 2022 Alemania no hacía referencia al North Stream 2, frente a Estados Unidos que afirmaba detener el avance del proyecto, sobreponiendo este último, su interés económico por vender gas a Europa. La reacción rusa de presionar a Europa reduciendo la venta de energéticos, se vio afectada por una disminución de ingresos para el Estado ruso que fueron tratadas de amortiguar con el denominado "Sur Global", esto partiendo de la amplia red de relaciones e intereses donde buscó redirigir sus flujos comerciales para esquivar en parte las sanciones de Occidente. Aclarando que ciertamente, las infraestructuras no se modifican de un día para otro y en particular redirigir las exportaciones de gas natural le llevaría años, aunque la subida de los precios compensará a corto plazo, la reducción de sus volúmenes de exportación tanto de gas como de petróleo. (Pardo De Santayana, 2022). Desde febrero de 2022, el Kremlin redobló sus esfuerzos para proteger su economía, alejándola del dólar estadounidense y promoviendo el rublo en el comercio internacional. Protegerse contra las sanciones no es fácil, así los datos del FMI y las previsiones de contracción económica de Rusia para 2022 pasaron del -8,5 por ciento al inicio del conflicto al -6 por ciento en julio del 2022. De esta manera tendrá efectos devastadores en el largo plazo, comenzando porque más de mil multinacionales suprimieron o redujeron significativamente su relación con Rusia. El punto más débil de Moscú es tanto su enorme dependencia tecnológica de países europeos como el embargo aplicado a los semiconductores. A la Federación Rusa le costó mucho contrarrestar este último y tuvo grandes efectos en las operaciones militares. Aun con estos datos, según Bloomberg, el 2022 Rusia ingresará 285.000 millones de dólares por sus exportaciones de gas y petróleo, frente a los 236.000 millones de 2021. Antes de la guerra, el país exportaba tres millones de barriles diarios. Hoy casi cuatro porque China, India y Turquía están comprando masivamente crudo ruso con descuentos de hasta 35 dólares por barril. En enero del 2022 el rublo se cotizaba a 75 por dólar, dos meses después, 135 por dólar, y en agosto 55 rublos por dólar, debido a los férreos controles de cambio. Las élites y las clases medias rusas no pueden usar sus tarjetas de crédito en el exterior. (Manrique, 2022).

El fino entretejido de la política internacional, como el registro mismo de la historia de la humanidad, siempre presenta una diversidad de visiones o hasta teorías de conspiración[33], sobre todo por los ángulos desde donde se abordan. Enrique Fojón sortea una análisis de las posibles raíces del conflicto ruso-

---

[33] Durante mucho tiempo, a Putin se lo ha pintado como el 'presidente accidental' de Rusia. Pero Catherine Belton, excorresponsal de 'Financial Times' en Moscú, cree que ni su ascenso dentro del Kremlin ni su asalto a la presidencia tuvieron mucho que ver con el azar. Formaba parte del grupo de agentes del KGB que se hicieron cargo del país porque entendían el funcionamiento del dinero cuando nadie más en la URSS lo hacía. Aunque la mayoría de las biografías retratan a Putin sirviendo en tareas menores en Dresde, Belton lo sitúa en el vértice del espionaje empresarial, una avanzadilla que sirvió a la URSS para empezar a jugar con el capitalismo. Para los liberales que rodeaban a Yeltsin, Putin pareció lo suficientemente liberal. Ante los eternos servicios secretos, se mostró como uno de ellos, alguien que desde la cumbre se vengaría de la arrogancia aperturista de los noventa y restauraría el poder estatal. (Colás, El pasado de Rusia a los mandos de su futuro, 2022).

ucraniano 2022 tomando en consideración el artículo "La situación política en Europa" de Andrey Sushentsov director del programa Valdai Club, publicado el 12 de octubre del 2022[34] y concluye observando: (Fojón, 2022):

> *"Una somera interpretación del artículo de Sushentsov apunta a un conflicto prolongado y de atrición, que identifica con el cambio de fase. Es importante la categorización que hace de los distintos actores, señalando la falta de cohesión europea, por lo que sublima el enfrentamiento entre Estados Unidos y Rusia". (Pág. 7).*

---

[34] Anexo Documental I: Se estimo interesante conocer una opinión publicada rusa que aporta una visión desde "el otro lado de la colina". Incluyendo en la sección de anexos de esta publicación las expresiones, del artículo "La situación política en Europa" de Andrey Sushentsov director del programa Valdai Club, publicado el pasado 12 de octubre, sin incluir modificación alguna.

Breves referentes históricos sobre la Federación Rusa.

Durante el nacimiento de la Federación Rusa el 1 de enero de 1992[35], con Boris Yeltsin como presidente, Rusia identificó sus intereses nacionales dentro de los parámetros de la seguridad de la nación, la soberanía y unidad del Estado, y unas condiciones externas favorables para el desarrollo sociopolítico y económico internos. En un primer momento los ciudadanos rusos, conscientes de la superioridad del modelo de vida occidental en relación con lo que había sido su existencia en la Unión Soviética, abrazaron con entusiasmo la occidentalización de su sociedad, buscando con ello poder disfrutar de las ventajas materiales de los países de Europa occidental. (Álvaro, 2015). A finales

---

[35] 70 años antes, en diciembre de 1922 se fundó la Unión de Repúblicas Socialistas Soviéticas (URSS), aglutinando en la misma a la República Socialista Federativa Soviética de Rusia, la República Federal Socialista de Transcaucasia, República Socialista Soviética de Ucrania y la República Socialista Soviética de Bielorrusia –dejando así patente la ubicación del centro de grave- dad de los descendientes de la Rus de Kiev-; y la misma se constituía, de nuevo, con referencia al enemigo exterior, pues «Nacía un nuevo Imperio cuyo objetivo era establecer un frente único frente al cerco capitalista. (Meyer, 2009).

de 1999, la situación en Rusia fue caracterizada por su colapso económico[36], aun cuando albergaba las mayores reservas de petróleo se vio obligado a racionar los combustibles, presentándose además, problemas de abastecimiento de productos básicos como en los años ochenta. El gobierno de Yeltsin, recurrió a incrementar su deuda externa por 22.600 millones de dólares con el FMI. Para esa misma fecha la OTAN se expande hacia el Este, ingresando a sus filas a Polonia, Hungría y la República Checa; todo un insulto para el nacionalismo ruso, al que vino a sumarse la intervención de la Alianza Atlántica en Kosovo contra la expresa voluntad de Moscú. Esto aumentó más los niveles de rechazo al modelo

---

[36] La realidad se impuso rápidamente a la nueva élite gubernamental de la Federación Rusa con el catastrófico derrumbe económico y la decepcionante atención por parte de los gobiernos occidentales a las nuevas y urgentes necesidades económicas de lo que se suponía desde Moscú sería una pieza esencial en el nuevo orden internacional. En decadencia económica y sin relevancia estratégica, formulo un nuevo curso, divergente de la experiencia liberal e integracionista, y centrado en planteamientos más geopolíticos donde primaría el multipolarismo y el equilibrio frente a Occidente. (Pardo, 2012).

Occidental que se ofertaba desde finales de la Guerra Fría. (Leon Aguinaga & Rosell Martínez, 2015). A la llegada de Putin en el año 2000, inicia la idea de revertir el desolado panorama nacional, la idea fue devolver a Rusia la dignidad y la posición internacional perdidas, aunque el pragmatismo le obligó a resolver primero los asuntos internos. Estos pueden ser agrupados en tres categorías (Pardo de Santayana Gómez Olea, 2017):

- *En primer lugar, tuvo que resolver el problema militar en Chechenia , lo que reforzó su posición como líder nacional.*

- *Segundo, someter a los oligarcas que se habían adueñado de la riqueza del país y retaban sin escrúpulos al Kremlin.*

- *Tercero, tuvo que poner orden en la administración del Estado y la economía.*

Con la solución de estas medidas urgentes se hizo de las riendas del poder, dando coherencia al Estado y ganándose el respeto de la población rusa. Una parte importante del éxito de Putin se fundamenta en la coincidencia de la concepción política de sus líneas directrices con los hondos sentimientos del pueblo ruso. Igor Zevelev lo desglosa del siguiente modo, (Zevelev, Russian National Identity and Foreign Policy, 2016):

> *"Las políticas del presidente Vladimir Putin están profundamente enraizadas en la historia y la tradición. Putin opera en un contexto intelectual y político específico y frecuentemente da voz al consenso de las élites en relación al papel de Rusia en el mundo. Dicho consenso sostiene que el especial lugar que le corresponde en el ámbito global está predeterminado por la identidad singular de Rusia basada en su historia, su tamaño, la necesidad de defender sus extensas fronteras y su sentido de ser una gran potencia y centro de una civilización distinta". (Pág.1).*

La eficacia de la política exterior y de seguridad, mejoró en este primer periodo, reforzando las capacidades materiales de la Federación como consecuencia del Plan de Putin. El cambio en los factores del contexto interno proporcionó a Rusia la capacidad de reaccionar ante los factores del contexto externo, contrarios a sus intereses, una capacidad de la que Yeltsin careció, a grandes rasgos, desde 1994. (Ruiz, 2012). En lo militar durante este periodo, Putin relata en su discurso sobre el estado de la Federación en mayo de 2006, haber sufrido un fuerte impacto en otoño de 1999, cuando planeaba la reconquista de la república independentista de Chechenia y descubrió la lamentable situación de las Fuerzas Armadas de la Federación. (Felgenhauer, 2007):

> *"El Jefe del Estado Mayor General informó que el Ejército podría alistar para el combate tan sólo 55.000 hombres, y eso movilizando unidades de todo el país. Teníamos unas Fuerzas Armadas de 1.400.000 hombres, pero no había ni uno listo para luchar. Enviábamos a muchachos sin adiestramiento a la batalla. Nunca lo olvidaré. Debemos asegurarnos que esto nunca se repetirá".(Pág.1).*

En octubre del 2003 se promulgó el documento: Tareas urgentes para el desarrollo de las Fuerzas Armadas de la Federación Rusa, llamado "doctrina Ivanov", en un intento de solucionar las carencias demostradas en Chechenia[37].

---

[37] "El plan de reformas enfatizaba la necesidad de reducción del tamaño de las fuerzas, un descenso gradual del número de conscriptos a favor de soldados profesionales, la creación de un cuerpo profesional de suboficiales, la introducción de cambios drásticos en el adiestramiento y la formación de los oficiales, y una mayor supervisión política sobre el gasto militar. Cabe destacar que Sergei Ivanov se convirtió, al ser nombrado

*Durante los dos primeros mandatos de Putin[38]
se dieron acontecimientos que incomodaron
seriamente al Kremlin: la expansión de la
OTAN y de la UE hacia el Este, percibida
como un modo de aislar y excluir a la
Federación Rusa de Europa; las
intervenciones militares en Afganistán[39]
(2001) e Irak[40] (2003) y la independencia de
Kosovo que puso de manifiesto que los puntos
de vista rusos eran ninguneados; por último el*

---

por Putin el 28 de marzo de 2001, en el primer ministro
de Defensa civil de Rusia, mensaje inequívoco de que
Putin buscaba una mayor supervisión del poderoso
Estado Mayor". (Ruiz, 2012).

[38] Corresponde al primer mandato (2000-2004) y al
segundo mandato (2004-2008).

[39] Putin apoyo a Occidente en la invasión de Afganistán
tras el 11-S, aunque esto significo la creación de bases
estadounidenses en Asia Central, pese a la oposición
mayoritaria de los organismos responsables de la política
de seguridad Rusa. (Grachev, 2005).

[40] La guerra en Irak comenzó el 20 de marzo de 2003
cuando las tropas estadounidenses invadieron el territorio
iraquí desplegando tropas en todo el país. La ocupación
de Irak tuvo como punto clave la invasión con tres
objetivos fundamentales: El control de los principales
centros urbanos, El cuidado de la riqueza petrolera, El
control de los puntos fronterizos más delicados.
(Moreno, 2003).

acercamiento de la OTAN a Georgia[41], creando alarma e indignación que negaban a la Federación Rusa toda área de influencia y reforzaban la sensación de cerco. En 2008 el Kremlin incursiona con la intervención militar en territorio de Georgia y a partir de ahí Moscú considera defenderse de la imposición del modelo liberal-democrático. A un cuando Putin no ejerció como presidente durante el periodo 2008-2012 jamás dejo de estar presente en la política y la sociedad rusa, no solo porque fungió como primer ministro con el presidente Dmitri Medvedev, sino porque continuo determinando el rumbo de muchas acciones y orientando la política en lo internacional. En su regreso a la presidencia en 2013[42] Putin marca una posición ya muy

---

[41] La llegada al poder de Mijeil Saakashvili, candidato abiertamente favorable a los intereses de EE.UU. a Georgia, marco el inicio de la Revolución de la Rosas con protestas georgianas que serían las primeras conocidas como "revoluciones de colores" en el espacio postsoviético. Definiendo la retórica estadounidense en favor de extender la democracia mediante la intervención para cambiar regímenes en otros países. (Saakashvili, 2011).

[42] "Desde la publicación de Putin del 4 de octubre de 2011, titulado "Nuevo proyecto de integración para Eurasia, un futuro que está naciendo hoy". Ya propugnaba por la creación de una "Unión Euroasiática" cuya base fuera la creación de un "Espacio Económico

definida sobre la política internacional que debe seguir Rusia, José Ma Pardo de Santayana Gómez Olea, nos comparte un excelente resumen de la reunión del Club Internacional de Discusión de Valdai. (Pardo de Santayana Gómez Olea, 2015):

> *"Hoy necesitamos nuevas estrategias para preservar nuestra identidad en un mundo en rápida transformación... Hemos dejado atrás la ideología soviética. Los que proponen el conservadurismo pre- 1917 parecen estar lejos de la realidad, así como, los que apoyan un liberalismo de estilo occidental extremo... el intento de civilizar Rusia desde el exterior no ha sido aceptado por ninguna fracción significativa de nuestro pueblo... entendemos que la identidad y la idea nacional no pueden ser impuestos desde el extranjero desde un monopolio ideológico... además de los internos, otro serio reto para la identidad rusa está vinculada a acontecimientos que ocurren en el mundo. Podemos ver como muchos de los países euroatlánticos están rechazando sus*

Único" partiendo de la Unión Aduanera entre Rusia, Belarús y Kazajstán y en el marco de la Comunidad Económica Euroasiática (EurAsEC). A ello se uniría más tarde el componente de defensa a través de la Organización del Tratado de Seguridad Colectiva (OTSC). Sumatoria en pro de la construcción de su propia hegemonía". (De la Cámara, 2012).

raíces, incluidos los valores cristianos que constituyen la base de la civilización occidental. Están negando los principios morales y todas las tradiciones identitarias: nacionales, culturales, religiosas e incluso sexuales. Están implementando políticas que igualan las familias tradicionales con las monoparentales y la creencia en Dios con la creencia en Satán".(Pág.2)

Con la nueva legislación rusa promulgada durante la segunda década del siglo XXI, que previó una extensión de los mandatos presidenciales a seis años, y dada la popularidad de Putin, lo posibilitó a perpetuarse en el poder[43], colocándolo en una condición única para ampliar su período de ejercicio del poder, que lo impone para marcar sin duda la historia y la futura

---

[43] Los cambios estructurales en la reforma no fueron simplemente cosméticos, supusieron cambios estructurales que, aunque el Kremlin afirmo que impulsaban el papel del Parlamento, en realidad daban al presidente más poder. Del mismo modo impulsaron el papel del Consejo de Estado, un cuerpo asesor que Putin ya dirigía y el cual fue consagrado en la Constitución como una herramienta del poder ejecutivo de Rusia, dándole otra salida para mantener el control incluso si no repitiera en el Kremlin. La modificación también dio prevalencia a la ley rusa sobre cualquier otra, lo que pudo dificultar los recursos ante organismos como el Tribunal de Derechos Humanos de Estrasburgo. (Sahuquillo & Díaz, 2020).

*orientación de Rusia y de su sociedad. Esta
ley, ya no limitó a dos los mandatos
presidenciales; como en el pasado que
permitió a Putin alternar dos mandatos
seguidos con uno como primer ministro, y de
vuelta a la presidencia. Esta ley marco
específicamente que quienes se desempeñaron
como presidente de Rusia antes de la entrada
en vigor de las enmiendas a la Constitución ya
no tenían prohibido volver al puesto. Y eso
reiniciaría las oportunidades de Putin,
aunque también las de su aliado Dmitri
Medvedev, el hombre que le sustituyó para
guardarle el sillón del Kremlin durante un
mandato. Recordemos que en 2012, Putin ya
había recurrido a un cambió de la
Constitución para ampliar el mandato
presidencial de cuatro a seis años y que estas
maniobras le generaron protestas
multitudinarias en todo el país. Con los
cambios constitucionales, no solo pusieron su
contador a cero sino que equivalió a todo un
paquete de medidas que hicieron de Rusia un
país más conservador y nacionalista,
hablando de patriotismo y de religión, Putin
se garantizó también que ningún otro
presidente tenga tanto poder como ha
ostentado él. (Sahuquillo, Putin firma la ley*

que le permitirá perpetuarse en el poder, 2021). Su estrategia entre las muchas consecuencias observadas fueron, la de relajar el ambiente político de la sucesión presidencial, limitando cuando menos de forma pública, la aparición de un delfín y garantizando para la elite en el poder, sus bienes y empresas.

Pero regresemos un poco al referente histórico para lograr escenificar de manera más clara los sucesos que configuran los conflictos internacionales y con ellos, el comportamiento de cada Estado. En 2010 fue electo presidente de Ucrania Viktor Yanukovich, este no gozaba de las simpatías rusa, sin embargo, el hecho de no identificarse con los gobiernos pro-occidentales le ayudo a estar en mejor animo con Moscú. La simpatía no tardó en debilitarse dado el esceptisismo del presidente ucraniano para firmar un acuerdo de asociación con la UE, en el que percibió que se podría lesionar la participación de Ucrania en la Unión Aduanera y en la Unión Económica Euroasiática -organización emblemática para el Kremlin- a la cual Ucrania debería adherirse por ser el país más caracterizado políticamente de la región. Conscientes de la magnitud de la influencia que estaba en juego, Rusia quiso negociar con la UE fórmulas que permitieran a Ucrania una doble adscripción pero desde Bruselas se respondió de forma negativa. (Fernández Sola, Las relaciones de la Unión Europea y Rusia desde la perspectiva rusa: Cuadernos de Estrategia 178 Rusia bajo el liderazgo de Putin. La nueva estrategia rusa a la búsqueda de su liderazgo regional y el reforzamiento como actor global, 2015). Cuando Rusia prometió a Ucrania un préstamo mayor, Yanukovich cambió de opinión y optó por no ratificar el acuerdo de asociación con la Unión Europea. Los partidarios de la vía europea salieron a la calle a protestar contra tal decisión y la respuesta del Gobierno de Yanukovich a las protestas fueron desmedidas generándole una mayor conflictividad, acarreando la caída del Gobierno. Rusia calificó el derrocamiento del presidente contrario a las normas del derecho internacional y a la Constitución ucraniana, muy alejados de los principios democráticos que rigen la acción interior y exterior de la UE. (Fernández Sola, Ucrania: la patria dividida, 2014). La percepción Rusa de los sucesos acontecidos, orientaban a entender que la UE buscaba alejar a Ucrania del proceso de integración a la Unión Euroasiática, encaminándolo a una mayor dependencia de Europa y alentándolo para su entrada a la OTAN.

En 2014 a raíz de la anexión de Crimea y la intervención militar en Ucrania oriental todo cambio, regresando parte de las sanciones económicas del 2004. En este mismo año Mariúpol fue conquistada brevemente por los rebeldes prorrusos en primavera, pero el Ejercito de Ucrania los desalojó, y se convirtió en el símbolo de la resistencia contra Rusia. El bloqueo naval demostró que Rusia seguía aspirando a controlar Mariúpol, aunque por otros medios. Para Moscú era necesario asegurar el control de mar de Azov como parte de su estrategia en el mar Negro, clave de su intervención militar en Siria y su presencia en el Oriente Medio. Afianzando la fuerte proyección del poder militar en el mar Negro, el Kremlin aspiraba a disuadir la ampliación de la OTAN más allá de la frontera que une mar Báltico y el mar Negro. Veamos el siguiente gráfico aportado por BBC mundo que nos ilustra lo descrito:

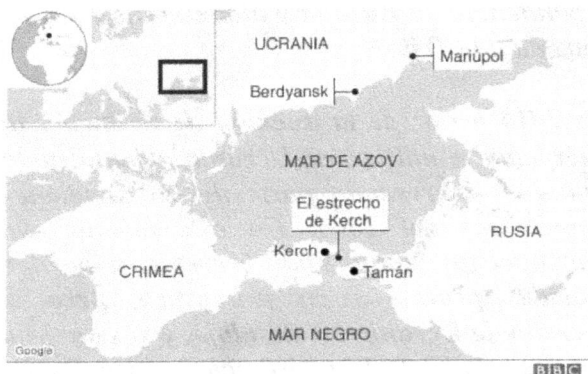

Mar de Azov, estrecho de Kerch y ubicación de los puertos de Mariúpol y Berdyansk. Fuente: BBC Mundo.

Para Ucrania, conservar el control de los 300 kilómetros de la costa de mar de Azov ha sido imprescindible para conservar lo que queda de su independencia económica y estratégica de Rusia. Sin él, Rusia penetrará aún más en su territorio. (Milosevich-Juaristi M. , Entre el mar y la espada: el bloqueo naval ruso de Ucrania, 2018).

La legalidad de su incorporación fue defendida por Rusia proclamando las bases para la independencia de Crimea y bajo estas condiciones poder solictar su anexión a la Federación Rusa. Su actuar es justificado por recibir el consentimiento del Estado que solicitó unirse a Rusia.[44] La reacción internacional ante este proceder fue de aceptación aunque se negocia evitar la expansión del fenómeno a otras zonas de Ucrania. Esto no pudo evitarse y en abril inicia un ataque coordinado a sedes administrativas de Donetsk, Járkov y Lugansk liderado por fuerzas separatistas pro-rusas que buscaban trato análogo al dispensado a Crimea. Al mes del conflicto se celebra un referéndum de autodeterminación que dio como resultados favorables de un 90% aproximadamente, pero no reconocidos por las condiciones de su celebración. En septiembre fueron suscritos los acuerdos de Minsk[45] para la retirada de las tropas rusas

---

[44] La población de Crimea, eligió un nuevo gobierno, aprobando una declaración de independencia el 6 de marzo y pidiendo la celebración de un referéndum de anexión a Rusia. Celebrado el 16 de marzo, un noventa y siete con setenta y siete por ciento de la población es favorable a la anexión. (Fernández Sola, Ucrania: la patria dividida, 2014).

[45] En Ucrania durante el 2018 el Parlamento ultimo la ley para la reintegración de las regiones orientales de Donetsk y Lugansk a Ucrania, en la que declaraba la zona de conflicto como "territorios temporalmente ocupados" por grupos armados controlados por Rusia. Tras numerosas enmiendas, el documento, declaraba a Rusia como "Estado agresor", y ponía en manos del Ministerio de Defensa y del Ministerio del Interior la redacción de una hoja de ruta para recuperar esos

del territorio de Ucrania y respetar el alto el fuego. En esta empresa fracasaron tanto la canciller alemana Ángela Merkel y el presidente de Francia Emmanuel Macron, como el representante especial de los Estados Unidos para las negociaciones de Ucrania, Kurt Volker, en sus conversaciones con Vladislav Surkov, asesor de Vladimir Putin entre 2000 y 2013, y desde 2018 su comisionado para la guerra de Ucrania. Rusia no sólo no cumplio su parte de los Acuerdos de Minsk II, sino que aumento su influencia en la región, expidiendo pasaportes rusos a ciudadanos ucranianos, expropiando empresas, e introduciendo el rublo como moneda para las transacciones comerciales[46].

---

territorios hasta lograr "la ausencia completa de militares rusos". (Colás, 2018).

[46] En 2018 el Parlamento de Ucrania aprobaba la Ley sobre algunos aspectos de la política estatal para garantizar la soberanía de Ucrania sobre los territorios temporalmente ocupados en las regiones de Donetsk y Lugansk. Se trataba de una ley complementaria a la de 2014 sobre Protección de los Derechos y Libertades de los Ciudadanos y Régimen Legal en el Territorio Temporalmente Ocupado, que se refería a Crimea. Ambas leyes pretendían construir un marco jurídico para el principal objetivo político de Kiev, liberar dichos territorios y restablecer en ellos el orden constitucional,

(Milosevich-Juaristi, 2018). Todas estas maniobras en pro de generar bases jurídicas y legitimar las anexiones. Sobre la estrategia imperialista de referéndum para las autoproclamaciones a favor de Rusia Jesús A. Núñez Villaverde describe sobre las decisiones de anexionar. (Núñez Villaverde, 2022):

> *"La anexión se derivada de unas consultas supuestamente populares en las que nadie puede creer que se hayan cumplido los mínimos requisitos para darles validez, le permite dar un salto mayúsculo en sus pretensiones imperiales. Con el argumento de que cuando se disolvió la URSS no se les preguntó a los ucranianos a qué país querían pertenecer –olvidando que todas las regiones, incluyendo Crimea (54%), votaron masivamente a favor de la independencia, hoy se presenta como el encargado de restañar una injusticia histórica. Una argucia que, siguiendo su propio guion, le lleva a justificar la necesidad de emplear todos los medios a su alcance para salvaguardar la integridad de la Federación de Rusia y los intereses de los ciudadanos rusos. Y dado que las cuatro regiones mencionadas serían territorio ruso y allí habitan rusos, resultaría que Ucrania estaría atacando a Rusia".(Pág.2).*

---

aunque no específica como lograrlo. (Milosevich-Juaristi, 2018).

Por muy alta que sea la moral de la población y la de los soldados ucranianos en defensa de sus localidades, y por muy bien que estos hayan asimilado el adiestramiento militar recibido para manejar un material cada vez más sofisticado, sin el respaldo occidental se terminaría por imponer la superioridad bruta de Rusia. Desde los primeros conflictos se ha mantenido la creencia de que Washington y Bruselas les apoyarán hagan lo que hagan mientras dure la guerra contra las fuerzas respaldadas por Rusia en el este. Estas suposiciones se basan sin duda a los diversos comportamientos de sus aliados, por ejemplo en Occidente se aprobaba que se otorgasen licencias a empresas estadounidenses para vender armas letales a Ucrania.

Desde las elecciones presidenciales en Ucrania, del 25 de mayo de 2014 que dieron como vencedor al oligarca Poroshenko, este rechaza la incorporación de Crimea a Rusia e inicia una serie de medidas con las que pretendía garantizar principios identitarios, entre ellos: la autocefalía de la Iglesia Ortodoxa de Ucrania, el idioma y otras tantas que estimularan a romper los vínculos entre

Rusia y Ucrania.[47] (Fernández Sola, Las relaciones de la Unión Europea y Rusia desde la perspectiva rusa: Cuadernos de Estrategia 178 Rusia bajo el liderazgo de Putin. La nueva estrategia rusa a la búsqueda de su liderazgo regional y el reforzamiento como actor global, 2015). En 2015 se insistió, como parte de los pactos un alto al fuego, retirada del armamento pesado, observación y verificación por la OSCE, inicio del diálogo político entre Kiev y los separatistas para la celebración de elecciones locales, amnistía para los participantes en la insurrección separatista, acceso de ayuda humanitaria, restablecimiento de las relaciones sociales y económicas; control total de la frontera estatal por parte del Gobierno ucraniano y concesión de una autonomía especial a Donetsk y Lugansk. (Morales, Alto el fuego en Ucrania, Alternativas., 2015). La actitud de la Federación Rusa ante los conflictos

---

[47] "La autocefalía de la Iglesia Ortodoxa de Ucrania que se buscaba independizar del Patriarcado de Moscú, junto con las leyes que proclamaban el ucraniano como único idioma oficial para erradicar la memoria soviética, formaban parte del proceso de ucranización que comenzó en 2014 y que pretende crear una identidad nacional por la fuerza, lo que alejaba a Ucrania de la construcción de un modelo de sociedad abierta, libre y democrática que fue el principal objetivo de la revolución de Maidán. (Milosevich-Juaristi M. , 2018).

ucranianos continuó siendo interpretada como un resurgir del Imperio ruso y como una tendencia zarista del propio presidente, no siendo admisible contra la soberanía y la integridad territorial de Ucrania. Demostró ser una potencia poco fiable por no cumplir los acuerdos suscritos, pero muy previsible a la hora de perseguir sus principales objetivos en ese país vecino. (Milosevich-Juaristi M. , Tropas rusas en la frontera ucraniana: ¿intimidación táctica o inminente ofensiva militar?, 2021). Veamos la siguiente imagen que muestra la pretendida ucranización como estrategia separatista de Rusia:

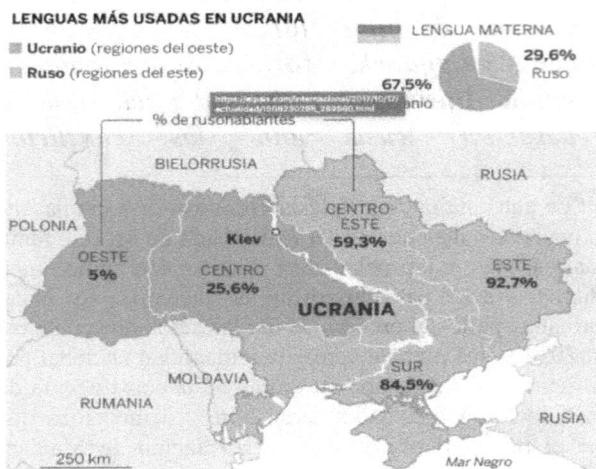

LENGUAS MÁS USADAS EN UCRANIA

Ucranio (regiones del oeste)
Ruso (regiones del este)

LENGUA MATERNA

29,6% Ruso

67,5% anio

% de rusohablantes

https://elpais.com/internacional/2017/10/17/
actualidad/1508230288_289590.html

BIELORRUSIA

RUSIA

POLONIA

Kiev

CENTRO-ESTE
59,3%

OESTE
5%

CENTRO
25,6%

ESTE
92,7%

UCRANIA

MOLDAVIA

SUR
84,5%

RUMANIA

RUSIA

250 km

Mar Negro

Lenguas más usadas en Ucrania, documento publicado en El País con la afirmación: "La ucranización aleja a Ucrania de la democratización". (Milosevich-Juaristi M. , 2018).

Estas estrategias formaron parte de la campaña de Petro Poroshenko para las elecciones presidenciales subsiguientes a su periodo, en las que, según las encuestas, se hallaba en gran desventaja porque no había cumplido la mayoría de sus promesas: haber prometido ganar la guerra contra los rebeldes prorrusos en Donbas, su fracaso en la lucha contra la corrupción y la integración de Ucrania en la UE y la OTAN.

Desde 2015 Rusia continuaba con la misma dinámica y realizaba intervenciones militares en Siria, en 2017 se implica con Libia y otros objetivos secundarios que pretendían situar a la Federación Rusa en un escenario de gran prioridad, buscando un encuentro con los Estados Unidos.[48] De esta manera se puede

---

[48] En medio de un círculo vicioso de incumplimientos de compromisos y sanciones, en mayo de 2015, los Estados Unidos y Rusia inician unas conversaciones en Sochi que no implican la solución de los problemas pero abren un diálogo directo, desactivando el peligro de que las dos potencias nucleares más importantes carezcan de canales

definir que el conflicto de Ucrania es un conflicto entre dos fuerzas geopolíticas: los rusos protegiendo su territorio, y los americanos que quieren prevenir el auge de cualquier poder regional que pueda desafiar la hegemonía norteamericana; en ambos casos la afectación ucraniana por su importancia estratégica continuara y los dos países permanecerán ejerciendo su poder. Una de las tantas consecuencias del conflicto ruso-ucraniano fue el progresivo aislamiento de Putin en el escenario internacional. En 2021 Rusia enviaba un mensaje a la comunidad internacional, tomando una posición quizás de solo retórica –porque no se presentó la oportunidad de demostrar la veracidad– sobre China y Taiwán: "Como saben, Rusia al igual que la mayoría de los países en el mundo, considera a Taiwán como parte de la República Popular China. Es por eso que nosotros procederemos así en nuestra política".⁴⁹ Además de estas afirmaciones

---

de interlocución directa para entender las intenciones y la lógica del otro. (Lukianov, 2015).

⁴⁹ Pronunciado por el titular de Asuntos Exteriores ruso, Serguél Lavrov en 2021. El 10 de octubre del 2021 la presidenta de Taiwán, Tsai Ing-wen, declaraba que la isla seguiria reforzando su defensa nacional y demostrando

Putin condenó lo que llamó "provocaciones de Estados Unidos y sus satélites en el estrecho de Taiwán" y también subrayó que Moscú apoya el principio de "una sola China".[50] (SWI, 2022). De esta manera pareció regresar el efecto del pasado ante la nueva situación Rusa en que, el alineamiento con China fue más retórico que real; veamos cómo nos lo describe Josep Piqué en Política Exterior. (Piqué, 2022):

> *"Pocos días antes de materializar la invasión, Putin viajó a Pekín con ocasión de los Juegos Olímpicos de Invierno y, a pesar de las declaraciones previas de avanzar hacia "una amistad sin límites", recibió una diplomática pero fría respuesta. China apoyaría la "narrativa" rusa sobre sus preocupaciones de seguridad y responsabilizaría a la OTAN de*

su determinación de defenderse para asegurar que nadie puediera obligar a Taiwán a tomar el camino que China le habia trazado. Las relaciones oficiales entre Pekín y Taipéi quedaron suspendidas en 1949, después de que las fuerzas del partido nacionalista chino Kuomintang, encabezado por Chiang Kai-shek, sufrieran una derrota en la guerra civil contra el Partido Comunista de China y se trasladaran a Taiwán. (Mundo, Rusia reitera que considera a Taiwán parte de China, 2021).

[50] En septiembre del 2022 el Senado de Estados Unidos aprobó un proyecto de ley que ampliaba considerablemente la ayuda militar a Taiwán, medida que Pekín considero que socava la paz y estabilidad en el estrecho. (SWI, 2022).

> *propiciar el conflicto, pero no iría más allá.*
> *Nada de ayuda militar expresa ni de exponerse*
> *a los costes de las eventuales sanciones de*
> *Occidente. Y todo ello sin retroceder ni un*
> *ápice en la tradicional doctrina china de*
> *respeto a la integridad territorial, negando así*
> *el apoyo explícito a la invasión".(Pág.1).*

Con Turquía solo pudo llegar a ser socio puntual, e India, aunque se negó a imponer sanciones, no reconoció la invasión. (Piqué, 2022). Es claro que China tiene un objetivo muy distinto al de Rusia. Ser la gran superpotencia global que sustituya en ese papel a Estados Unidos, Rusia, solo aspira a ser vista como una gran potencia y recibir el trato de igual a igual con las dos grandes. Por otra parte, tampoco comparten timing ni agenda. Rusia tiene demasiada prisa en su deseo de recuperar su influencia y dominio en el espacio postsoviético. China formula sus aspiraciones en el medio-largo plazo y no desea efectuar acciones precipitadas que pudieran serle contraproducentes. Lo que si no se puede cuestionar es que Rusia y China llevan desde hace tiempo una trayectoria convergente en numerosos terrenos, no sólo en el campo de la cooperación comercial, energética o militar, sino también en una

geoestrategia conjunta y exhiben con frecuencia esa proximidad como toque de atención a sus adversarios, Estados Unidos, la OTAN. (Mañueco, 2022). Tampoco es posible cuestionar que, China se está beneficiando de la creciente subordinación rusa a sus intereses y está aumentando su presencia e influencia sobre las antiguas repúblicas soviéticas de Asia Central.

Prospectiva de la política internacional del conflicto entre Ucrania y Rusia

La prospectiva de la Política Internacional vista desde el punto de vista de la seguridad global nos permite observar dentro de un periodo futuro definido, las diversas condiciones que pueden presentarse y los problemas o beneficios que se pueden suscitar en un ambiente de guerra con regularidad milimétrica. (Dickinson, 2021). Bajo este enfoque en un primer análisis, podemos considerar a la seguridad, como el estado en que se encuentra o se puede llegar a encontrar en un futuro, un país desde el punto de vista de sus capacidades militares. Bajo este entendido podemos considerar que los diversos escenarios que se plantean para la guerra de Ucrania, pueden tener diferentes impactos en la agenda global en un futuro no muy lejano. Cuanto más largas son las guerras, más problemas se plantean, no sólo para quienes protagonizan sino también para quienes se sortean los temas a nivel internacional. Andrés Ortega (Ortega, Prospectiva: Ucrania y Europa, 2022) realiza un excelente ejercicio prospectivo, al respecto del conflicto ucraniano 2022, concretando condiciones de impacto como: su intensidad, su duración y su alcance geográfico. Planteando pues tres escenarios prospectivos esenciales: una guerra larga e intensa, con la posibilidad de que Rusia alcance sus objetivos; un estancamiento y cronificación del conflicto; y que Rusia pierda. Se analizan asimismo sus efectos sobre la escalada de armamentos; las posibilidades y contenido de un acuerdo de paz; la necesidad de plantear la reconstrucción de Ucrania[51]; el impacto sobre la situación económica y social de Europa; las posibilidades de una refundación de Europa y de la UE; la desestabilización con la crisis alimentaria de la periferia sur; y nuevas

---

[51] Será necesario un plan de reconstrucción de Ucrania tras la guerra, o durante ella si dura, y que tendrá que sufragar Occidente, en particular la UE, aunque algunos en Europa plantean que se financie con al menos parte de los activos del banco central ruso congelados en Occidente y que ascienden a unos 300.000 millones de dólares. El mejor estudio hasta la fecha, del CEPR británico,[15] calcula que serán necesarios entre 200.000 y 500.000 millones de euros para esta reconstrucción, cifra que puede aumentar sobremanera con una mayor intensidad y duración de la guerra, y su alcance geográfico, sobre todo si se amplía hacia el oeste. Es decir, que se va a requerir un Plan Marshal occidental o europeo para Ucrania. (Becker, Eichengreen, Gorodnichenko, & Guriev, 2022).

dificultades para la gestión de la agenda global.

La duración e intensidad de la guerra misma, que pude ser larga o hasta permanente o corta porque contribuyen elementos concretos como son el apoyo militar por parte de terceros, la misma resistencia ucraniana que abona a la temporalidad de forma directa. Más imprevistos y "accidentes" pueden ocurrir. A mayor tiempo, aumenta el riesgo de nuevas escaladas en el nivel bélico, aumenta la guerra de información y del relato, aumenta la necesidad de ayuda militar, aumenta la complejidad para generar un acuerdo de paz, aumentan las sanciones que irán a más, aumenta el impacto económico, aumenta el tamaño de los daños estructurales y los niveles de reconstrucción del país y finalmente, los protagonistas terminaran más debilitados, orillando a sus poblaciones a pasar por una diversidad de crisis, donde la ciudadanía sufre las consecuencias las decisiones gubernamentales y de paso la posible ingobernabilidad. Una última situación es, el nivel creciente de problemas que le genera a Occidente por respaldar con recursos económicos, militares y hasta políticos a

*Ucrania⁵² en una guerra larga. Con esta
prolongación se corre el riesgo no sólo de
amputar a una de las potencias históricas de
Europa (Rusia)⁵³, sino también de aislarla del
resto del mundo, especialmente de China. (De
Sousa Santos, 2022). Y puede marcar un paso
más en el final del eurocentrismo.*

---

⁵² Le resultaría más difícil preservar la democracia muy
imperfecta que había en Ucrania, aunque contaría con la
fuerza del carácter nacional de la preservación de la
soberanía. La economía seguiría cayendo en un desastre.
Los refugiados no volverían, con el consiguiente coste
para Europa. Y el coste de la entrega de armas a Ucrania
por parte occidental, probablemente de carácter más
ofensivo, crecería. Las divisiones internas en la UE
aumentarían. (Ortega, Prospectiva: Ucrania y Europa,
2022).

⁵³ Desde la época de la Perestroika se escuchaban
diversidad de narrativas tejidas desde diversos sectores
rusos, se hablaba de decisiones apresuradas, que
terminaron por derrumbarlo todo. Desde entonces se
violaron los compromisos que Washington había
adquirido con el propio Gorbachov y que han buscado
sacar provecho de la debilidad percibida de Moscú para
bloquear su crecimiento, su desarrollo. Esta serie de
componentes se han encontrado presentes en los
discursos del presidente ruso Putin. En esta narrativa,
Gorbachov es responsable de buena parte de estos males
que es necesario revertir. (Meschoulam M. , De 1985 a
Ucrania: Gorbachov, las narrativas y el continuo , 2022).

La dimensión geográfica y sectorial de la guerra se puede ampliar a Rusia, Moldavia o hasta Georgia. Trasladar el fenómeno a otras regiones que se han mantenido en receso pero que se conservan los conflictos en esencia, tal es el caso de algunos países de Asia Central. La parte denominada sectorial puede trasladase a un nivel de guerra geoeconómica. (Biscop, Siman, & Gehrke, 2022).

La prospectiva de esta guerra puede encarnar en una diversidad de escenarios lograr una victoria o simplemente un éxito. Para Ucrania, victoria sería recuperar todo su territorio; éxito es resistir y conservar una parte sustancial de él. Para Rusia, victoria seria la caída del gobierno en Kyiv, donde hubiera puesto un gobierno afín y se habría quedado con varios territorios. Éxito es preservar Crimea, conquistar el conjunto del Donbás, conseguir un compromiso de que la Ucrania restante no ingresará en la OTAN y lograr un levantamiento de las principales sanciones.

Rusia alcanza sus objetivos y conquista el Donbás y parte del sur, además de quedarse con Crimea. Ucrania acepta, o se mantiene fuera de la OTAN. Lo que señalaron al principio de la invasión Liana Fix y Michael Kimmage (Fix & Kimmage, 2022). "Si Rusia se hace con el control de Ucrania o consigue desestabilizarla a gran escala, comenzará una nueva era para EEUU y para Europa. Los líderes estadounidenses y europeos se enfrentarían al doble reto de replantear la seguridad europea y de no verse arrastrados a una guerra mayor con Rusia". Sobre Ucrania se abriría una amplia zona de desestabilización e inseguridad.

El escenario económico ruso no refleja con un buen rostro de salud y cada vez se percibe más la posibilidad de terminar dependiendo de la economía China, sobre todo por las sanciones a las que se ha visto sujeto y que lo han obligado a buscar opciones de finamiento. Ya desde 2016 China se habia convertido en el principal socio comercial de Rusia. La guerra de Ucrania ha consolidado esta tendencia. Dada su ruptura con la UE y la imposibilidad de realizar el sueño de convertirse en un imperio europeo, Moscú intentará serlo en el único lugar que le queda: Asia. Pero la rivalidad entre Rusia y China en Asia Central, una región en la que, a pesar de que Moscú impuso su dominio a partir del siglo XIX, China ha hecho inversiones muy altas, ponen dicho dominio en cuestión. (Milosevich-Juaristi M. , Vladimir Putin y Xi Jinping: no siempre juntos, pero nunca enfrentados, 2022).

Si la guerra se estanca y se cronifica, con una diversidad de escenarios: La guerra no acaba y Kyiv aguanta, pero Rusia alcanza algunos objetivos; Las fuerzas rusas quedan mermadas; Los rusos deben decidir qué operaciones ofensivas desean completar; Putin termina sin esperanza alguna de incorporar el Donbás a Rusia con un mínimo de disrupción. (Freedman, 2022). En este caso sin duda Rusia preferiría no acabar la guerra que ha empezado, a perderla. Putin, antes que perder, podría recurrir a una guerra de desgaste que, como poco, aplazaría una derrota militar y política con una guerra larga. "Putin tiene muchas razones para no acabar una guerra que ha empezado". (Fix & Kimmage, What If the War in Ukraine Doesn't End? The Global Consequences of a Long Conflict, 2022).

El escenario donde Rusia pierde la guerra con Ucrania puede modificar el discurso hasta adoptar el discurso de Serguéi Karaganov, exasesor del Kremlin: "Rusia no puede permitirse perder, así que necesitamos una especie de victoria", para para esto se necesita algún tipo de solución llamada paz y que incluya de facto la creación de algún tipo de gobierno viable y prorruso en el territorio de Ucrania, y una seguridad real para las repúblicas del Donbás. (Mações, 2022). La derrota rusa no necesariamente representaría una victoria para Occidente, sino más bien para Ucrania en este primer momento, aunque si deja a Rusia fuera de condición para repetir cuando menos a mediano plazo, un nuevo ejercicio militar en la región. (Fix & Kimmage, What If Russia Loses? A Defeat for Moscow Won't Be a Clear Victory for the West, 2022). El debilitamiento gubernamental ruso se podría ver trastocado por la derrota militar y este efecto puede desencadenar acciones inesperadas como el uso de armas tácticas, química o hasta nucleares. (Russell Mead, 2022). En opinión de Josep Piqué (Piqué, Las opciones de Putin, 2022):

> *"Al final, toda ocupación sobre un terreno hostil no se resuelve con ataques nucleares o químicos, ni sin una superioridad manifiesta de las tropas invasoras, hoy inexistente. Por ello, una escalada nuclear es posible, pero no probable. Los hechos están demostrando que la posesión de armas nucleares disuade al*

posible agresor (si Ucrania las hubiera mantenido, difícilmente habría sido invadida), pero también es disuasoria una capacidad militar convencional basada en equipamientos de alta tecnología, usando inteligencia artificial, comunicaciones satelitales, misiles y sistemas antimisiles equipados con tecnología de guiado, drones, estrategias de defensa y ataque en "enjambre", etcétera".(Pág.4).

La Doctrina Militar de la Federación Rusa 2014 y la Estrategia de Seguridad Nacional de la Federación de Rusia de 2021, complementada por los Principios Básicos de la Federación Rusa sobre la Disuasión Nuclear 2020, consideran posible el uso de armamento nuclear por la parte rusa si se diera alguna de estas una circunstancias: si el país fuera sometido a un ataque con misiles nucleares; que se emplearan armas nucleares contra Rusia o sus aliados; que se realizaran ataques a la infraestructura crítica que pudieran paralizar la capacidad de disuasión nuclear del país; y si un acto convencional de agresión contra la Federación de Rusia o sus aliados no dejase a Rusia otra salida militar para asegurar su supervivencia. Bajo estos postulados queda más que claro, que la posibilidad de uso de armas nuclearse en el

conflicto ucraniano, disminuye enormemente por parte de Rusia. También es importante considerar el escenario donde se generan los elementos necesarios para un acuerdo de paz donde la guerra acaba con un armisticio; como en otros casos esto será posible cuando alguna de las partes alcance un avance militar decisivo. Como indica Mira Milosevich (Milosevich-Juaristi M. , El balance actual de la guerra en Ucrania y las perspectivas de un acuerdo de paz, 2022) "el mayor obstáculo para un acuerdo de paz son las exigencias maximalistas de Rusia y la imposibilidad de Ucrania de cumplirlas, ya que de ello depende su supervivencia como nación soberana". El otro tema trascendente para lograr dicho acuerdo es bajo qué condiciones se levantarían las sanciones a Moscú y esto dado que en la realidad la negociación se hará entre Moscú y Washington.

El siguiente gráfico elaborado con información de John Nagl y Paul Yingling nos puede ayudar a dimensionar las condiciones necesarias para lograr un verdadero acuerdo de paz. (Nagl & Yingling, 2022):

Condiciones necesarias para lograr un acuerdo de paz	
Condición 1	*Que la paz en Ucrania sea determinada por los ucranianos, aunque otras potencias intervengan para la dimensión paneuropea.*
Condición 2	*Las sanciones se van a mantener hasta que se dé esa paz. El acceso a las reservas bloqueadas del banco central ruso serán probablemente el último paso.*
Condición 3	*La dependencia gasística y en petróleo de Europa Occidental en Rusia se reducirá de forma permanente, aunque si hay paz duradera no será absoluta.*

Condiciones necesarias para lograr un acuerdo de paz	
Condición 4	*Una reafirmación del Artículo 5 de la OTAN y del 42.7 de la UE, de defensa colectiva para todos los Estados miembros. Cabe recordar que Trump puso en duda este artículo cuando era presidente.*
Condición 5	*Reafirmación de la Carta de Naciones Unidas, especialmente a la integridad territorial de los Estados.*
Condición 6	*Apertura de la UE hacia la sociedad civil rusa, e impulso a las instituciones paneuropeas.*
Condición 7	*Nuevo impulso al control Este-Oeste de armamentos.*

Información tomada de la publicación denominada: "For a lasting peace, Europe must embrace Russia", publicada en "DefenseOne" por John Nagl y Paul Yingling.

En cualquiera de los escenarios anteriores se va a mantener una larga situación de tensión entre Estados Unidos y sus aliados de la OTAN y Rusia, que además acerca nuevas conclusiones como las de Suecia y Finlandia, donde afirman que, Ucrania fue invadida por no ser miembro de la OTAN, lo que lleva a estos países a abandonar su tradicional neutralidad y solicitar el ingreso a la organización. (Woods, 2022).

La Organización para la Seguridad y la Cooperación en Europa (OSCE) surgida de la Conferencia sobre la Seguridad y la Cooperación en Europa (CSCE). Se distingue por ser una organización internacional flexible e inclusive con capacidad de crear diálogos y puntos de encuentro mediante foros de negociación multilateral. Estas características le dotaron capacidad a la OSCE en el pasado para resolver importantes conflictos en espacio postsoviético, especialmente en los casos ruso-ucranianos. Rodrigo de la Torre en un análisis sobre esta Organización nos comparte un punto de vista bastante interesante. (De la Torre Muñoz, 2022):

"Desde 2014, la OSCE ha estado llevando a cabo una Misión Especial de Monitorización en Ucrania para poder alcanzar una solución al conflicto entre Kiev y Moscú. Su extensa labor de diplomacia publica de seguridad y sus capacidades para la creación de convergencias internacionales han construido a su alrededor una serie de expectativas que la organización no ha podido cumplir o no ha logrado desarrollar por completo. Los intereses subjetivos de otros actores internacionales y la rápida escalada del conflicto han hecho que la imagen de la OSCE se haya visto dañada de cara a la opinión pública y política internacionales, pero la organización ha demostrado que, a pesar de las limitaciones externas que la bloquean, es capaz de crear foros e iniciativas de confianza". (Páag.1).

La OSCE en su esfuerzo por lograr definir elementos que abonen a construir un acuerdo de paz para el conflicto ruso-ucraniano, abogan por una apertura y una profundización de los campos de atención de la seguridad, al igual que utilizan argumentos que reconocen la enorme carga subjetiva de los intereses de los actores internacionales. (Buzan & Hansen, 2009). Este conflicto históricamente, en las últimas décadas se ha distinguido por ser uno de los más profundos presentados en la región sin duda por el nivel de competencia entre las grandes potencias. Esto se interpreta por la incertidumbre y las tensiones que resquebrajan la seguridad de la región durante periodos amplios. (Tovar Ruiz, 2021). De suma ya mencionado que la desconfianza de Rusia respecto a Estados Unidos y la Unión Europea se ha traducido en un escepticismo severo hacia la OTAN . (Faraldo Jarrillo, 2020). Sin embargo, estas expectativas se reducen en el caso de la OSCE aun cuando su Misión Especial de Monitorización solamente puede promulgar resultados políticos, no jurídicamente vinculantes. (Díaz Galán, 2019). Este enfoque comprende la enorme dificultad que supone establecer acuerdos en foros donde la confianza internacional brilla por su ausencia.

En febrero de 2022, la OSCE publicó los datos recopilados durante 2021 sobre el control civil y militar de su Misión Especial de Monitorización en Ucrania. Los resultados se comparaban con los recogidos hasta el año 2016, donde destacaba el descenso de las violaciones del alto el fuego en 2021 y de las bajas civiles. En 2021, el número total de esta cifra fue de 91, diferencia notable de las 486 registradas en el año 2017; todas ellas a lo largo de la frontera entre la Ucrania y las repúblicas independientes de Luhansk y Donetsk. Estos mismos datos también reflejaron un aumento de todas las variables durante los meses de noviembre y diciembre de 2021, Otro dato que reflejó el aumento de las tensiones fue el incremento de las restricciones al libre movimiento de personas. (OSCE, 2022). Todos estos datos contrastaron notablemente con los que la OSCE recopiló, horas antes del inicio de la invasión rusa de Ucrania. OSCE definió el estado de la seguridad ucraniana como "agudamente deteriorado" debido al incremento exponencial de ataques registrados en la frontera y en la parte soberana de Ucrania, los cuales estaban siendo llevados a cabo por armamento pesado. (OSCE, spot report. Significant deterioration in the security situation in Ukraine, 2022). Finalmente la OSCE en su reporte al conflicto entre Rusia y Ucrania reveló que, más que su incapacidad para detener el conflicto, se presentó un desbordamiento de sus facultades para poder frenar la rápida escalada que experimentó.

La variedad de reacciones rusas frente al desarrollo del conflicto pasan por tiempos y circunstancias que obligan a los protagonistas a elaborar sus respectivas narrativas como parte de la estrategia bélica, veamos el siguiente análisis que elaboro Mauricio Meschoulam en una de las etapas importantes. (Meschoulam, Ucrania a siete meses: Rusia decide escalar, 2022):

> *"La guerra en Ucrania entro a una fase complicada. Una vez activada la espiral ascendente de violencia, ésta cobro una especie de vida propia que no fue simple de detener. Paso que, tras los numerosos reveses sufridos por Rusia, Putin lanzó un mensaje al mundo que pretendía fuera leído de la siguiente manera: Primero, si Ucrania había logrado avanzar, esto era porque había sido asistida por Occidente, quien había "cruzado todas las líneas" en su afrenta contra Moscú. Segundo, que Rusia estaba lejos de ser "derrotada" como indicaban ciertos discursos. Tercero, que las metas esenciales de Moscú, no se habían movido. Cuarto, que el Kremlin seguía contando con múltiples instrumentos a su alcance—incluido su poderoso y moderno arsenal nuclear—para disuadir a aquellas potencias de continuaran actuando contra los intereses de Moscú y que esto no era un "alarde" o "amenaza vacía". El discurso y las decisiones de Putin tenían destinatarios tanto dentro como fuera de Rusia".(Pág.1).*

El portal digital Política Exterior que realiza de manera permanente análisis de las diversas temáticas internacionales, planteó en esta misma etapa que Meschoulam, una variedad de escenarios posibles, donde Ucrania gana la guerra, veamos el siguiente recuadro que nos permite dimensionar los puntos de vista de los profesionales. (Exterior, 2022):

Analista	Número del escenario	Descripción del escenario
José Luis Calvo Alberto.[54]	*1*	*Una victoria de Putin en la guerra en Ucrania arrojaría una oscura sombra de autoritarismo y barbarie sobre el futuro de Europa.*
	2	*Una victoria de Ucrania representaría incógnitas y riesgos, sobre todo si no se gestiona bien.*
	3	*Dado que la Federación Rusa desempeña un papel en los engranajes del mundo y genera ciertos equilibrios. Si eso se derrumba, podemos encontrarnos en una situación tan incierta como la que siguió a la desaparición de la Unión Soviética en 1991.*

---

[54] Coronel del Ejército de Tierra de España.

Analista	Número del escenario	Descripción del escenario
	4	*El debilitamiento de la imagen de Moscú puede tener también consecuencias imprevisibles en múltiples lugares y situaciones como: Bielorrusia, Siria, los conflictos congelados en Georgia, Nagorno Karabaj, Moldavia, el caldero en ebullición lenta que es Asia Central, además del control de un arsenal nuclear inmenso.*
	5	*La clave en la gestión de una victoria ucraniana residiría, en que pueda producirse de una manera suficientemente clara, pero sin que signifique el colapso de Rusia.*
	6	*La imagen de Polonia y Ucrania altamente armadas, furiosamente antirrusas y convertidas en cancerberos ante un este que se desmorona, no sería la más atractiva*

		para una Europa segura y estable.
Ruth Ferrero-Turrión[55]	*1*	*Llamar a filas a 300.000 soldados de reemplazo algo que acentuó la percepción de debilidad del régimen ruso, esa debilidad quedaba patente por la necesidad de ampliar la capacidad de efectivos que hacían falta sobre el terreno, lo que denotaba el fallo en los sistemas logísticos y de inteligencia, algo que les hizo perder mucho territorio en poco tiempo.*
	2	*A pesar del anterior escenario sería erróneo pensar que se estaba ante una derrota rusa sin paliativos.*

[55] Profesora de Ciencias Políticas en la Universidad Complutense de Madrid.

Analista	Número del escenario	Descripción del escenario
Ruth Ferrero-Turrión[56]	3	*Todo apunto a que el régimen ruso se cerraría sobre sí mismo reforzando sus mecanismos autoritarios sobre su población, al tiempo que su percepción como gran potencia militar se iba debilitando por momentos.*
	4	*Lo anterior en conjunto con el creciente descontento que provocó el impacto de la movilización de tropas de reemplazo entre la población que supusó, un punto de inflexión en el propio régimen.*
	1	*Victoria para Ucrania representa la completa expulsión de Rusia del territorio ucraniano, incluida Crimea, Todo lo*

---

[56] Profesora de Ciencias Políticas en la Universidad Complutense de Madrid.

Daniel Fiott[57]		que no sea esto, apuntaría a un conflicto congelado que podría desembocar, de nuevo, en una guerra abierta.
	2	Una victoria ucraniana serviría como una interesante lección para aquellos que creían que Kiev se derrumbaría en ías.
	3	Para Rusia, cualquier derrota sería catastrófica en su búsqueda de prestigio e influencia en los asuntos internacionales.

Analista	Número del escenario	Descripción del escenario
Daniel Fiott[58]	4	La derrota de Rusia generaría en las fuerzas armadas rusas diferentes condiciones, podría provocar una reacción en cadena en el Kremlin. En este sentido, la UE y la OTAN tendrían que

---

[57] Investigador no residente del Real Instituto Elcano.
[58] Investigador no residente del Real Instituto Elcano.

		permanecer vigilantes.
	5	*Una derrota rusa podría servir a Pekín para aprender las lecciones del fracaso de Rusia mientras mira hacia Taiwán.*
Andrei Kolesnikov[59]	1	*La actitud de Putin sobre lo que es la victoria y lo que es la derrota afecta a la comprensión de la victoria. Puede registrar sus pérdidas, anunciándolas como logros.*
	2	*De hecho, las increíbles prisas por celebrar un referéndum indicaron esta lógica: al menos hay que etiquetar algo como una victoria. Al mismo tiempo, el hecho mismo de la movilización militar indico debilidad, no fuerza, la falta de recursos humanos.*

---

[59] Investigador principal del Carnegie Endowment for International Peace.

		Rusia como país ya ha sido derrotado, mental y moralmente. Y, en cierto sentido, Ucrania ya ha ganado, al obtener una identidad y una unidad nacionales. Aunque, por supuesto, entendemos que sobre todo nos referimos a la victoria y la derrota en el campo de batalla. Sobre todo nos referimos a la victoria y la derrota en el campo de batalla.
	3	

Analista	*Número del escenario*	*Descripción del escenario*
Andrei Kolesnikov[60]	*4*	*Las victorias de Ucrania aumentaron la irritación de Putin, que empezó a responder de forma asimétrica, descartando toda vergüenza. Esto también afecto a la población rusa, que se vio obligada a*

---

[60] Investigador principal del Carnegie Endowment for International Peace.

		ingresar en el ejército y se vio sometida a la represión política.
	5	*La victoria real debería ser tan convincente que los procesos de transición del autoritarismo a la democracia comenzarán en Rusia. Y esta victoria solo puede ser compartida por Ucrania, Europa, Rusia, Occidente, el mundo entero.*
Jesús A. Núñez Villaverde[61]	*1*	*Ganar, en palabras del propio Zelenski, significa expulsar a todas las tropas rusas de toda Ucrania. Ese escenario es muy improbable, contando con que ante una amenaza de tal calado Rusia empleará todas los recursos a su alcance, antes de tener que salir de allí con las manos vacías.*

[61] Codirector del Instituto de Estudios sobre Conflictos y Acción Humanitaria (IECAH).

	2	*Con una derrota para Rusia el efecto sería catastrófico no solo para el futuro político de Putin, sino también para la posición de Rusia en el escenario internacional. Moscú no ha logrado hacerse atractivo para ningún vecino y su influencia internacional, basada fundamentalmente en el hard power, quedaría muy dañada porque demostraría que sus fuerzas armadas no son eficaces para imponer su dominio.*

Analista	Número del escenario	Descripción del escenario
Jesús A. Núñez Villaverde[62]	3	*A partir de ahí, con o sin Putin al mando, nos encontraríamos con una Rusia mucho más radicalizada, aunque más débil (pero con un arsenal nuclear), más revanchista y, por tanto, más inclinada a la desestabilización por todas las vías a su alcance*
	4	*China es quien, como ya ha sucedido, aprovecharía la ocasión para intentar subordinar a Rusia a su dictado, evitando al mismo tiempo su colapso para contar con un socio que le permita seguir desafiando a Washington en su afán por convertirse en el nuevo hegemón mundial.*

---

[62] Codirector del Instituto de Estudios sobre Conflictos y Acción Humanitaria (IECAH).

Nicolás De Pedro[63]	*1*	*Si Ucrania gana la guerra, de nuevo, la velada amenaza nuclear, sería el reflejo de su incapacidad para pensar y actuar estratégicamente.*
	2	*Lo cierto es que la victoria ucraniana es la mejor opción para garantizar una paz duradera en Ucrania y, en clave europea, una oportunidad para tratar de restaurar algo parecido a una arquitectura de seguridad europea basada en reglas y en la no utilización de la fuerza.*

[63] Senior Fellow en The Institute for Statecraft.

Analista	Número del escenario	Descripción del escenario
Nicolás De Pedro[64]	3	A Rusia debe tomársela siempre muy en serio, negarse a ver la realidad de la deriva agresiva y autoritaria del Kremlin y apostar, por ejemplo, por agudizar la dependencia energética no era tomársela en serio.
	4	El Kremlin seguirá siendo un desafío para Europa gane o pierda en Ucrania. La diferencia es, sencillamente, que una Rusia victoriosa o no derrotada representará una amenaza mayor para la paz y la estabilidad en el continente.
Mira Milosevich-Juaristi	1	Si el Kremlin se debilita se produciría un efecto domino, derivado de la guerra de Ucrania y la incapacidad de Rusia de proyectarse en todos los sitios a la vez, las fichas a

---

[64] Senior Fellow en The Institute for Statecraft.

		caer serían Transnistria y Moldavia.
Josep Piqué	*1*	*Si Rusia se debilita la opción racional sería aceptar el fracaso de la operación, (...) pero llevaría previsiblemente a la destitución de Putin y a su sustitución por políticos aún más ultranacionalistas. Es un callejón sin salida, por una posible sustitución por políticos aún más ultranacionalistas.*

Analista	*Número del escenario*	*Descripción del escenario*
Josep Piqué	*2*	*Rusia no está en condiciones objetivas para una guerra que implique directamente a la Alianza Atlántica, hoy claramente superior militarmente. Salvo que vayamos al Armagedón.*
	3	*La debilidad acarrea decisiones emergentes y lo inquietante es que los débiles pueden tener la tentación de morir matando. Cuanto antes*

		desaparezcan del escenario, mejor para todos. Incluida la propia Rusia.

Continua Meschoulam y describe además del escenario internacional, un bosquejo del ambiente y narrativa local de la guerra ante los ojos ciudadanos rusos, descrito por Denis Volkov y Andrei Kolesnikov (Kolesnikov & Volkov, 2022). En el retrata un complejo panorama de la opinión pública en Rusia, a partir de una serie de estudios consistentes en encuestas y grupos de enfoque, conducidos en ese país los últimos meses. Donde Putin sigue contando con una amplia aprobación y que una gran mayoría de rusos apoya esta "operación militar especial" como ahí la llaman. Pero si se profundiza, emerge una serie de matices relevantes, ángulos distintos de cómo se está leyendo la guerra, perspectivas de personas que, sin dejar de respaldar al gobierno, ya expresan dudas, preocupaciones, miedos, frustración y mucho enojo. (Meschoulam M. , 2022). Es importante no olvidar los registros de inicio que sirven como referencia para entender el fenómeno llamado guerra narrativa. Cuando Rusia lanzó su invasión de Ucrania el 24 de febrero, los gobiernos occidentales, incluido Estados Unidos, condenaron inmediatamente lo que describieron como "la guerra de Vladimir Putin". Sin duda, esta formulación no fue casual. Su objetivo era, ante todo, establecer una distinción entre las acciones del Kremlin y las actitudes de los rusos de a pie. Había optimismo en cuanto a que los rusos de a pie no tolerarían una guerra contra un país vecino. Pero las esperanzas de una oposición popular rusa a la guerra se desvanecieron rápidamente. De hecho, las encuestas de opinión pública han mostrado sistemáticamente un apoyo abrumador (70% o más) a lo que Moscú llama su "operación militar especial" en Ucrania. En contra de las expectativas, la popularidad de Putin también ha experimentado un impulso, similar al que se produjo inmediatamente después de la anexión de Crimea en 2014. (Volkov & Kolesnikov, 2022). Con el tiempo, las opiniones polarizadas se fueron radicalizando y todo ello apunto a un creciente conflicto dentro de la sociedad rusa. Veamos la siguiente gráfica que nos comparte levada.ru sobre la percepción de las fuerzas armadas rusas desde marzo hasta junio del 2022. (Center, 2022):

Support for the Russian Armed Forces

Do you personally support the actions of the Russian Armed Forces in Ukraine or not?

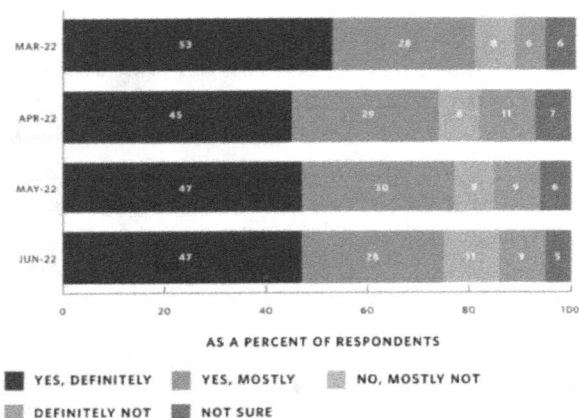

AS A PERCENT OF RESPONDENTS

■ YES, DEFINITELY ■ YES, MOSTLY ■ NO, MOSTLY NOT
■ DEFINITELY NOT ■ NOT SURE

Gráfico publicado en Política Exterior y tomado de Levada Center (Center, 2022).

Cuanto más tiempo paso, más se alejo la opinión pública rusa de lo que estaba ocurriendo. El conflicto se convirtió en una guerra lejana, y los ciudadanos estaban cada vez más convencidos de que los combates continuarían durante otros seis meses o incluso más. Denis Volkov y Andrei Kolesnikov afirmaron al respecto. (Volkov & Kolesnikov, Mi país, con razón o sin ella: Ucrania y la opinión pública rusa, 2022):

> *"En lugar de consolidar a la sociedad rusa, el conflicto en Ucrania ha exacerbado las divisiones existentes en una serie de cuestiones diversas, incluido el apoyo al régimen. Dicho de otro modo, la impresión de que Putin cuenta ahora con el pleno apoyo de la opinión pública rusa es sencillamente incorrecta. Aún no se ha levantado la prohibición nacional de celebrar actos multitudinarios introducida durante la pandemia. Esta restricción ha servido para negar el permiso a las concentraciones contra la guerra'". (Pág.1).*

Cuando Rusia lanzó su invasión los gobiernos occidentales, incluido Estados Unidos, condenaron inmediatamente lo que describieron como "la guerra de Vladimir Putin". Su objetivo fue establecer una distinción entre las acciones del Kremlin y las actitudes de los rusos de a pie. Había optimismo en cuanto a que los rusos de a pie no tolerarían una guerra contra un país vecino. Pero las esperanzas de una oposición popular rusa a la guerra se desvanecieron rápidamente. A medida que la guerra en Ucrania avanzó, el conflicto se convirtió en un telón de fondo rutinario de la vida cotidiana. La preocupación por el conflicto fue disminuyendo, mientras la frontera siguió abierta para que los rusos más descontentos abandonaran el país y evitaran ser convocados para el frente de la batalla. Las prolongadas hostilidades empezaron a verse como una especie de segunda pandemia: una tormenta que simplemente habia que capear, tras lo cual todo volvería a ser como debe ser.

Otro aspecto de importancia dentro de la construcción de las narrativas y generación en su momento de escenarios, es la imagen de fortaleza bélica que puede proyectar cada uno de los protagonistas en el conflicto militar. Por ejemplo la guerra por mares representada principalmente por buques. Piantadosi (Piantadosi, 2022) describe de manera resumida que este frente invisible, denominado así en cierta etapa de los conflictos, sirve para estudiar y medir fuerzas. Para nuestro caso de estudio se ubican en el mar Mediterráneo, lugar donde tienen presencia Estados Unidos, Rusia, Ucrania y la OTAN; su ejercicio permanente es de vigilancia de movimientos y comunicación. A septiembre del 2022 según informaciones de inteligencia abierta (OSINT), en el Mediterráneo se encontraban hasta un máximo de 10 elementos de la Armada Rusa. Una de las mayores agrupaciones desde la desaparición de la URSS. Entre los buques rusos que a lo largo de estos meses se habían estacionado en el Mediterráneo estaban el llamado "Mariscal Ustinov" y el "Varyag". Dos buques de guerra que podían lanzar misiles de crucero kalybr, de alta precisión, que podían cargarse también con cabezas nucleares. El suceso con más trascendencia fue cuando tres buques rusos, entre ellos el Varyag, se adentraron en el Mar Adriático en formación de bloqueo para cerrar el paso al portaaviones estadounidense Harry Truman, el buque más poderoso de la OTAN en el Mediterráneo, con 60 cazas a bordo. La situación se resolvió solo con la intervención del Grupo Marítimo Permanente de la OTAN, compuesto por buques de Italia, España, Turquía, Grecia y Estados Unidos. El otro caso importante registrado fue cuando el buque Ustinov, el otro poderoso elemento de la flota rusa, fue observado cerca del mar de Irlanda, probablemente de vuelta a sus bases en el Ártico. El Varyag siguió en el Mediterráneo sin unirse a la flota del Pacífico y lo que lo convirtió en la mayor embarcación de guerra rusa en el sur de Europa. Se comienzan a minar poco a poco las condiciones y capacidades bélicas rusas promovidas en el pasado y comienza el acercamiento de las dudas. Los alardes propagandísticos rusos sobre armamento muy sofisticado no pudo ser corroborado por la realidad, más allá de prototipos o unas pocas unidades de demostración terrestre. La dependencia tecnológica de Occidente pasa ahora su factura. Las compras de armas a Irán o Corea del Norte ponen de manifiesto con nitidez la incapacidad de la industria armamentística rusa para atender sus propias necesidades. (Piqué, Las opciones de Putin, 2022).

Un importante punto de análisis sobre el desarrollo del conflicto es porque Rusia no logro en el tiempo que esperaba, someter a Ucrania si las fuerzas rusas conformaban un ejército mecanizado teóricamente más poderoso, estaban equipadas con una gran cantidad de carros de combate, poseían una artillería mucho más numerosa que la ucraniana, desplegaban una aviación más capaz que la casi totalmente inoperativa fuerza aérea ucraniana y tenían un liderazgo militar operativo superior, implicando que las fuerzas rusas se terminarían imponiendo. Guillermo Pulido Pulido anota tres puntos básicos por los cuales este pronóstico un fue posible. (Pulido G. , 2022):

- *Municiones de precisión muy abundantes y baratas;*
- *La proliferación masiva de sensores (como drones con cámaras) y;*
- *La fusión de los datos en una red que coordine la masa dispersa de vehículos sensores y tiradores (municiones de precisión).*

Con estos puntos concreta que la guerra en Ucrania fue un aviso del advenimiento de un nuevo tipo de guerra "la guerra mosaico"[65] y de que llega a su fin la era del predominio de las grandes máquinas en favor de fuerzas armadas dotadas de plataformas de guerra más pequeñas. La teoría de la guerra mosaico ayuda a comprender esta nueva tendencia tecnológica, que se acentua con el transcurso del tiempo, y con la maduración de varios aspectos clave que ya se pudieron constatar en la guerra en Ucrania. El autor del libro Guerra multidominio y mosaico proyecto en 2021 comportamientos cambiantes de las guerras. (Pulido, 2021):

---

[65] La guerra mosaico consiste en aprovechar la superioridad que otorga el operar un gran número de pequeñas plataformas mucho más sencillas y abundantes, con la función de ser sensores y tiradores, dejando desfasado el estilo de guerra mecanizada del siglo XX basado en grandes máquinas, complejas y monolíticas. (Pulido G. , 2022).

Una transformación revolucionaria de la guerra recorre las Fuerzas Armadas de los Estados Unidos. Una revolución que trae nuevas teorías bélicas, nuevas doctrinas militares y nuevos ejércitos de enjambre de robots y armas autónomas, luchando en una competición de salvas de misiles, drones suicidas, láseres, armas de energía dirigida e inteligencia artificial. Es una revolución que, quizás y ante todo, encumbra las ideas particulares de un grupo de brillantes intelectuales de la defensa y los estudios estratégicos estadounidenses Sin embargo, aunque esas ideas sirven como una guía en el futuro, comenzaron a ser mentadas y labradas en 1992. Su obra fundacional, •The Military-Technical Revolution: A Perliminary Assessment•, permaneció inédita hasta 2002, aunque fuese conocida en círculos restringidos de la defensa estadounidense.(Pág.2).

El resultado de este concepto, según el autor, es una revolución de ideas tanto norteamericanas como soviéticas, dado que durante las décadas de los setenta y ochenta, en el Pentágono se estudiaba al enemigo soviético, especialmente su pensamiento militar y sus escritos sobre revoluciones técnico-militares, que los intelectuales estadounidenses incorporaron a su método para pensar cómo la tecnología militar afectaría a la conducción de la guerra y la organización militar.

Anexamos a continuación un recuadro que contiene la información concentrada de esta novedosa visión de la guerra que nos comparte Guillermo pacheco Pulido al respecto de la guerra de Ucrania. (Pulido, 2021):

Guerra multidominio y mosaico El nuevo pensamiento militar estadounidense	
Postulados	*Descripción o características*
	En el nivel táctico de la guerra, predominaba el bando que poseyera las plataformas que fueran capaces de desplazar una mejor protección, superior potencia de fuego y pudiera moverse de manera más rápida y ágilmente.
La guerra de la era industrial y la de la era de la precisión	*Predominaba el bando que pudiera desplazar la mayor cantidad de estas plataformas a los lugares concretos en las que las fuerzas contendientes chocaran.*

En el nivel operacional y estratégico de la guerra, prevalecía el bando que pudiera tomar o destruir los puntos claves en el interior del territorio enemigo, tales como sus núcleos industriales, centros de gobierno o principales ciudades.

El modo canónico e industrializado de hacer la guerra durante el siglo XX era bombarderos, aviones de caza, tanques, buques de desembarco, etc.; todo eran grandes máquinas y vencía el bando que tuviera más y mejores de ellas.

El que tuviera más capacidad de alimentar con grandes cantidades de combustible, municiones y hombres, a la logística devoradora de esa enorme maquinaria bélica.

Guerra multidominio y mosaico El nuevo pensamiento militar estadounidense	
Postulados	**Descripción o características**
La guerra de la era industrial y la de la era de la precisión	**En la segunda mitad del siglo XX, a la competición de grandes máquinas por lograr desplazar la mejor protección y potencia de fuego, se añadió la integración de la electrónica.**
	La ventaja en el combate no solo se lograba por la plataforma que pudiera desplazar la protección más sólida, la mayor potencia de fuego y una superior capacidad de maniobra, sino también la que podía detectar a mayor distancia al adversario y dirigir proyectiles contra él.
	En la guerra aérea, a las ventajas que proporcionaban las prestaciones de las grandes

	máquinas como la superior velocidad, capacidad de giro, techo de servicio, etc., la electrónica hizo que se uniera al de la plataforma que poseía el mejor radar y misil.
	Esta tendencia llegó a su paroxismo con los cazas de quinta generación, en los que la furtividad al radar es un requisito esencial junto al de la supermaniobrabilidad.

Guerra multidominio y mosaico	
El nuevo pensamiento militar estadounidense	
Postulados	*Descripción o características*
	En la era industrial prevalecía el bando que pudiera fabricar o costear la mayor cantidad de grandes máquinas tiradoras o bocas de fuego.
	Además del bando que tenía más bocas de fuego,

La guerra de la era industrial y la de la era de la precisión	*dado el elevado consumo de municiones, vencía el bando que podía fabricar la mayor cantidad y producir elementos de transporte (camiones, ferrocarriles, barcos, etc.) para llevarlos hasta el área de operaciones.*
	En la era industrial, prevalecía el bando con una mayor capacidad económica e industrial, tanto para producir plataformas con bocas de fuego, como para generar un superior poder logístico destinado a fabricar más municiones, así como, plataformas de transporte necesarias y además organizar su uso de forma óptima.
	Gracias a las economías de escala, las grandes naciones industriales eran capaces de fabricar proporciones superiores de grandes máquinas y elementos logísticos para sostener el esfuerzo bélico.

Guerra multidominio y mosaico El nuevo pensamiento militar estadounidense	
Postulados	*Descripción o características*
El poder igualador de la precisión	*En la era de la precisión las relaciones de poder militar cambian radicalmente respecto a la era industrial anterior.*
	La ventaja de la cantidad decrece considerablemente y la precisión iguala o invierte el poder militar de los bandos enfrentados.
	Si la probabilidad de destrucción del ejército A de 1.000 tiradores se incrementa solamente del 1% al 4%, en cada salva puede destruir los mismos 40 objetivos que el ejército B de 4.000 bocas de fuego pero con una probabilidad de destrucción de solo el 1%. Si el

	porcentaje de destrucción el ejército de 1.000 tiradores asciende al 10%, puede batir 100 objetivos por salva contra los 40 del ejército de 4.000 plataformas tiradoras.
	En la era de la precisión el consumo de municiones decrece considerablemente para lograr la destrucción de un conjunto de objetivos dados.
	Se reduce la cantidad de unidades de tiempo necearías para poder destruir ese mismo conjunto de objetivos.

Guerra multidominio y mosaico El nuevo pensamiento militar estadounidense	
Postulados	*Descripción o características*
	Cada unidad de tiempo funciona como un paquete en el que la economía de cada bando puede fabricar

	cierta cantidad de municiones, transportarlas al área de operaciones y finalmente, dispararlas.
El poder igualador de la precisión	*Otra forma de entender el poder igualador de la precisión es imaginar un intercambio de salvas para destruir objetivos estratégicos entre dos países.*
	En la era de la información, las municiones de precisión tienen probabilidad de alcanzar el objetivo designado muy superior al 1%. Si la precisión de las armas de precisión de largo alcance fuera del 50%, un ejército que pudiera lanzar 400 municiones podría destruir los 200 objetivos industriales en una sola salva.

	En estrategia nuclear, el enorme poder de destrucción hace que una nación con una cantidad reducida de armas nucleares pueda destruir todas las ciudades importantes de una gran nación enemiga también dotada de armas nucleares.
	Las salvas de proyectiles guiados de precisión que puedan destruir los objetivos económicos e industriales de alto valor tienen también un efecto igualador.

Guerra multidominio y mosaico El nuevo pensamiento militar estadounidense	
Postulados	*Descripción o características*
	Misiles hipersónicos, municiones merodeadoras, drones aéreos estarían disponibles para todas las potencias.
	Las armas láser estarían disponibles junto a otras defensas y mejorarían las defensas, aunque solo en el corto alcance.
Redes de combate y la proliferación de sensores	*En el conjunto del conflicto predominarían las armas ofensivas sobre las defensivas y los elementos de protección-blindaje.*

	La proliferación de sensores, acrecentará la importancia de permanecer furtivo a las plataformas de combate. Los nuevos sensores serán transportados por una gran cantidad de drones de todo tipo (terrestres, aéreos y submarinos) y satélites.
	La precisión y la proliferación de sensores cambió por completo el paradigma de la guerra imperante desde la década de 1920.
	Las recomendaciones que se hicieron para que las fuerzas armadas de Estados Unidos se adaptaran a ese entorno operativo son, sorprendentemente similares a los actuales conceptos de operaciones multidominio y guerra mosaico.

Guerra multidominio y mosaico El nuevo pensamiento militar estadounidense	
Postulados	*Descripción o características*
La proliferación de robots y armas autónomas.	*Estos instrumentos de guerra plantean la cuestión de la guerra en enjambre, que, según las tendencias teóricas más en boga, es la forma óptima para la organización de fuerzas robóticas.*
	Robert Work público algunos estudios sobre los drones en las operaciones del futuro y de ahí se genera la estrategia de compensación en esas armas y en la inteligencia artificial.
	Estados Unidos cambiará el actual régimen de competición militar basada en las grandes maquinas conectadas en red, a una que reconocerá la

	proliferación de sensores, la ubiquidad de drones y armas autónomas.
	La fase madura en la revolución de los asuntos militares asegura la llegada de la era de la robótica a las fuerzas armadas estadounidenses.
	Coincidentemente China desarrollaba armas para una estrategia asimétrica como la "maza de asesino", que consistía en salvas de municiones guiadas que destrozarían las bases navales y aéreas estadounidenses en el Pacífico, dañarían muchos de sus satélites y anularían la estrategia basada en redes y la logística de proyección de poder estadounidense.

El reconocimiento del avance tecnológico en los instrumentos de guerra para Estados Unidos por parte de la antigua Unión Soviética data del siglo pasado, cuando Fred Iklé y Albert Wohlstetter lo constataron a través de la comisión sobre Estrategia

Integrada a Largo Plazo entre 1986 y 1988, concluyendo. (Iklé & Wohlstetter, 1984):

> *"Los dramáticos desarrollos en tecnología militar parecen factibles durante los próximos veinte años. Serán impulsados principalmente por una mayor explotación de la microelectrónica, en particular los sensores y el procesamiento de la información, y el desarrollo de la energía dirigida. Estados Unidos lidera el desarrollo de muchas de las tecnologías relevantes, que pueden ser una fuente de preocupación para los soviéticos. La precisión, el alcance y la destructividad mucho mayores de las armas podrían extender la guerra a un área geográfica mucho más amplia, hacer la guerra mucho más rápida e intensa, y requieren modos de operación completamente nuevos. La precisión asociada con las nuevas tecnologías nos permitirá usar armas convencionales para muchas de las misiones que alguna vez fueron asignadas a las armas nucleares".(Pág.8).*

Ese informe llevo a Andrew Marshall, director de la influyente ONA (Oficina de Análisis en Red) del Departamento de Defensa, a iniciar en1989 una evaluación mucho más a fondo del pensamiento militar soviético sobre la revolución técnico militar. Cabe destacar que Marshall y el personal de la ONA y el Centro de Estrategia (CSBA), fueron las personas y lugares donde se urdieron las actuales ideas que están transformando la defensa estadounidense. (Pulido, 2021). El amplio análisis de las estrategias de guerra también ubica el espacio de estudio con una base de temporalidad y es así como plantea esa actualidad que se desfasa de las guerras a gran escala y las limita. La conceptualización del ambiente en el que se desarrolla esta guerra limitada, Estados Unidos la considera como "zona gris"[66], y en esta, aunque pudiera pensarse que una alta hostilidad podría superar el tamaño, esta se ajusta e incrementa. Este concepto de ninguna manera es de la novedad considerada, dado que han existido durante milenios.

Gran parte de las estrategias y equipamiento ucraniano recibido por el apoyo de Occidente, le permitieron al país mantenerse en un buen estado de defensa contra el poderío ruso[67]. El

---

[66] Se define estas estrategias como aquellas que llegan al nivel de una agresión militar a gran escala. El futuro panorama estratégico presentará crecientemente desafíos en la ambigua área gris que no son ni completamente guerra ni completamente paz. (Pérez Triana, 2020).

[67] En Julio del 2022 El Confidencial publicaba: La llegada de los equipos occidentales de armamento, sobre todo los sistemas Himars, cambio radicalmente la dinámica bélica al permitir a Ucrania atacar los

freno logrado por Ucrania hacia Rusia, trajo nuevas necesidades en el frente de batalla y los rusos comenzaron a sumar a las fuerzas especiales afganas que lucharon junto a las tropas estadounidenses, siendo reclutados por el Ejército ruso para combatir en Ucrania, indicaron tres exgenerales afganos a The Associated Press, asi lo comparte Bernard Condon. (Condon, 2022):

> *"Ellos dijeron que los rusos pretenden atraer a miles de excomandos afganos de élite a una legión extranjera con ofertas de pagos constantes de 1.500 dólares al mes y promesas de lugares seguros para ellos y sus familias a fin de evitar ser deportados a su país, algo que muchos asumen sería morir a manos del Talibán. No quieren ir a combatir, pero no tienen otra opción, afirmó uno de los generales, Abdul Raof Arghandiwal, que agregó que la docena o más de comandos en Irán con que se ha comunicado a través de mensajes de texto temen más a la deportación".(Pág.2).*

El informe presentado ante el congreso por parte del Partido Republicano en agosto del 2022 advirtió específicamente sobre el peligro

depósitos de munición y centros de mando rusos cercanos al frente. (Iriarte, 2022).

de que los comandos afganos pudieran terminar dando información sobre las tácticas de las fuerzas estadounidenses al grupo Estado Islámico, Irán o Rusia, o combatir para ellos. Como se puede concluir los actuales problemas de la guerra de Ucrania esta ya muy lejos de aquellos clásicos problemas de obtención y distribución de municiones para mantener sus fuerzas de manera oportuna y se ha convertido más, en una preocupación continuar recibiendo la ayuda de Europa y Estados Unidos. (Ruiz Arévalo, 2022). Y como afirmara el ministro exterior ucraniano Kuleba: propinar tal lección a Putin, que no se le vuelva a ocurrir intentar una invasión a otros países de la región. (Meschoulam M. , Ucrania a cuatro meses: síntesis actualizada, 2022).

A continuación anexamos un recuadro que contiene información publicada en el portal de Real Instituto Elcano, con la cronología de los acontecimientos que se produjeron desde la Revolución de Maidán en 2013, en la que el pueblo de Ucrania afirmó su intención de integrarse en las instituciones euroatlánticas. (RIE, 2022):

Cronología de acontecimientos desde la Revolución de Maidán en 2013		
Fecha y Autor	*Tema*	*Descripción del acontecimiento*
10 Dic. 2013 *Jesús A. Núñez Villaverde* *(Núñez Villaverde, 2013)*	*Ucrania, pieza mayor de una cacería a dos bandas*	*Se mantenía su dependencia energética de Moscú, por la sencilla razón de que la llave de los oleoductos y los gasoductos, así como, el poder para determinar el precio de las materias primas que transitaban por ellos, estaba en manos rusas.*
		Lo mismo ocurría en buena medida en el terreno comercial, dado que Rusia seguía siendo el principal socio comercial de Kiev.

		Y tampoco es menor la importancia que tenía, en clave demográfica, la población rusa, en torno al 18% de sus 46 millones de habitantes, que tenía como referencia inamovible a Moscú, sentimiento al que se sumaba buena parte de la población afincada en las óblast (provincias) orientales.
		Contó con el vaivén político sufrido por el país en esos años, por ejemplo el encarcelamiento de la exprimera ministra, Yulia Timoshenko.
		Sin Ucrania bajo su órbita, Rusia solo podía aspirar a un papel secundario en el concierto internacional, especialmente en su vertiente occidental.

Cronología de acontecimientos desde la Revolución de Maidán en 2013		
Fecha y Autor	*Tema*	*Descripción del acontecimiento*
21 de Feb. 2014 *Alberto Priego* *(Priego, 2014)*	*Ucrania: la Revolución Naranja se tiñe de rojo*	*Ucrania era un país dividido y enfrentado entre los ucraniano-parlantes que habitan la zona oeste del país y los rusófonos que se concentraban en el este y sur del mismo.*
		El antecedente fue la acusación de fraude electoral en 2004, una marea naranja, liderada por el dúo Yushenko/Tymoshenko, tomaba la Plaza de la Independencia en Kiev, naciendo la Revolución Naranja.
		En 2004 Ucrania cambiaba su política exterior para acercarse a Occidente con el

		objetivo de integrarse en la Unión Europea y en la OTAN. Sin embargo, los problemas económicos y la dependencia energética de Rusia dificultaron dicha tarea.
		Este periodo generó grandes tensiones entre los occidentalistas de Tymoshenko y los Eslavófilos de Yanukovich quien en 2010 convertiría en el nuevo en Presidente de Ucrania.
		Desde entonces, Ucrania puso su centro de gravedad en Moscú frenando los avances realizados en la OTAN y en la UE.
		Yanukovich optaba por firmar un acuerdo comercial con Rusia descartando el acuerdo de cooperación con la UE, esto le generó protestas.

Cronología de acontecimientos desde la Revolución de Maidán en 2013		
Fecha y Autor	**Tema**	**Descripción del acontecimiento**
24 de Feb. De 2014	*Gas ruso para Ucrania: ¿natural o lacrimógeno?*	*La tensión que se vivió en Ucrania fue un pulso entre Rusia y la UE que se remontaba a los cortes de suministro de 2006 y 2009, que supusieron sendas interrupciones del abastecimiento a varios Estados miembros del Este.*
Gonzalo Escribano *(Escribano, 2014)*		*El gas jugaba un papel fundamental en esa crisis desatada.*
		La UE propuso realizar las infraestructuras necesarias para abastecer a los Estados miembros y socios del Este en caso de

		interrupción por parte rusa, y poder ejercer la solidaridad entre ellos, eso sí, en la práctica casi siempre con gas ruso.
		Ucrania, su adhesión al Tratado de la Comunidad de la Energía pretendía consolidar el anclaje del país a las normas energéticas comunitarias y ofrecer mecanismos para limitar el dominio ruso del sector energético.
		Era deseable que la interdependencia cooperativa primara frente a la competencia estratégica, pero no podía descartarse que Rusia recurriera de nuevo al gas en su pulso ucraniano.
		En el corto plazo podrían reproducirse perturbaciones de suministro, variaciones

		en los precios y modificaciones de contratos.

Cronología de acontecimientos desde la Revolución de Maidán en 2013		
Fecha y Autor	Tema	Descripción del acontecimiento
		Ucrania había pasado en pocos meses de la ilusión al desastre: de ser cortejada por la UE y por Rusia para mejorar su futuro económico a bordear el enfrentamiento civil, la desmembración territorial y el conflicto armado.
3 de Mar. De 2014 Félix Arteaga (Arteaga,	Ucrania en crisis: errores de cálculo y errores	Los errores comenzaron a acumularse en todos los frentes. El Gobierno de Yanukovich sobreestimó su legitimidad democrática y subestimó el alcance de las revueltas.

2014)	calculados	La Federación Rusa creyó que tenia derecho a preservar una zona de influencia libre de injerencias occidentales, incluso por la fuerza.
		La coexistencia con Rusia no era fácil, pero era un interlocutor necesario contra el que no se podía construir la seguridad europea ni mundial.
		En la lucha de los valores contra los intereses, pesaba mucho esa interdependencia estratégica, energética o política de muchos países occidentales con Rusia.
		Era un error disociar ambos a la hora de tomar las decisiones si no estaban dispuestos a pagar el precio de mantener los valores que proclamaban; contener militarmente su expansión, imponer sanciones económicas, renunciar a su energía, fomentar su aislamiento.

Cronología de acontecimientos desde la Revolución de Maidán en 2013		
Fecha y Autor	*Tema*	*Descripción del acontecimiento*
15 de Abr. De 2014 *Alicia Sorroza* *(Sorroza, 2014)*	*La UE y la tormenta perfecta ucraniana*	*Lo acontecido en Ucrania es evidencia de la falta de visión estratégica de la UE y sus dificultades para relacionarse con la Federación Rusa.*
		Rusia oscilaba entre ser un socio indispensable para la seguridad energética del motor económico de la UE y en temas de la agenda global a ser un adversario de los "tradicionales".
		La serie de reuniones informales y cumbres extraordinarias a cuenta de Ucrania dejo ver una dinámica de toma de decisiones europeas liderada por los países del

		Triángulo de Weimar, es decir, Alemania, Polonia y Francia.
		En ese momento, Polonia, Suecia, Bélgica, Rumanía, Irlanda, Dinamarca y las repúblicas bálticas; particularmente estas últimas a pesar de su gran dependencia energética con Rusia, estaban totalmente a favor de establecer sanciones económicas.
		Una vez más, se ponían en evidencia las debilidades de la UE como actor internacional, y dejaba al descubierto las dependencias, fundamentalmente energética, de una parte importante de los Estados miembros de la UE con respecto a la Federación Rusa.
		La UE entró en el patio trasero de la Rusia de Putin, con herramientas

		posmodernas y no demasiado dispuesta a emplear todas sus capacidades y recursos para atraer a Ucrania a la órbita europea.

Cronología de acontecimientos desde la Revolución de Maidán en 2013

Fecha y Autor	Tema	Descripción del acontecimiento
21 de Julio de 2014		Rusia no había sabido digerir la salida de Ucrania de su esfera de influencia. Ni siquiera la anexión de Crimea le había bastado para paliar el distanciamiento de la mayor parte de la población y del territorio de Ucrania respecto a Moscú.
Félix Arteaga (Arteaga, El derribo	El derribo del Boeing 777 de Malaysian	La insurgencia pro-rusa había conseguido denegar el acceso y el control del

del Boeing 777 de Malaysian Airlines sobre Ucrania: Moscú, tienes un problema, 2014).	*Airlines sobre Ucrania: Moscú, tienes un problema*	*territorio oriental ucraniano al gobierno de Kiev y se había mantenido en el tiempo gracias al trasvase de milicianos y armamento a través de la frontera rusa.*
		Rusia en la conducción de la geopolítica con Ucrania, se había cometido un error de cálculo. Si se hubiera limitado a entregar la pieza de Crimea al irredentismo ruso, en lugar de mostrarse dispuesto a apoyar cualquier nueva causa de secesión, no se hubiera visto atrapado entre un nacionalismo ruso.
		El derribo del avión, coloco a Moscú en una situación delicada. Con casi 300 muertos esparcidos por la llamada República Independiente de Donetsk, hacia más fácil ahora que europeos y estadounidenses convergerán a la hora de decidir y aplicar las sanciones.

		Rusia se encamino a unas sanciones que no sólo afectaron a personalidades y entidades concretas sino a sectores económicos enteros. *El derribo afectó a las relaciones de Rusia con EEUU, la UE y la OTAN.*

Cronología de acontecimientos desde la Revolución de Maidán en 2013

Fecha y Autor	Tema	Descripción del acontecimiento
		Las intenciones expansionistas de Moscú se habían visto fortalecidas por la numerosa presencia de rusófilos que habitaban el este del país frente a los ucraniano-parlantes

30 de Dic. De 2014		que se concentraban preferentemente en el oeste de Ucrania.
Juan Manuel de Faramiñán Gilbert *(De Faramiñán Gilbert, 2014)*	*Ucrania, sobre la línea roja*	*Cuando Viktor Yushenko, de tendencia filo-occidental, intentó acabar con el modelo prosoviético de Leonid Kuchma, su fracaso provocó la llegada de Viktor Yanukovich, aliado de Moscú.*
		El fracaso de Vilna, generó tanto conflicto en Ucrania debido del presidente Yanukovich que, por un lado, manifestó públicamente su interés en realizar los mayores esfuerzos para satisfacer los requerimientos de la UE.
		Una vez removido del poder Viktor Yanukovich por el

		efecto del "Euromaidan", durante la Cumbre de la UE en Bruselas, se firmó con el nuevo primer ministro ucraniano, el pro-occidental, Arsenal Yatseniuk, un nuevo Acuerdo de Asociación que estableciera las nuevas líneas políticas de un área de libre comercio.
		Putin manifestó su preocupación de que los países de la UE pudieran entrar en el mercado ruso a través de Ucrania.
		Esto implico la adopción por parte de Rusia de la modificación de los aranceles para los productos ucranianos.

Cronología de acontecimientos desde la Revolución de Maidán en 2013		
Fecha y Autor	**Tema**	**Descripción del acontecimiento**
4 de Feb. De 2015 *Félix Arteaga* *(Arteaga, La "gota" rusa, Ucrania y la confrontación rusa con Occidente, 2015)*	*La "gota" rusa, Ucrania y la confrontación rusa con Occidente*	*Al igual que la tortura china de la gota, que conducía primero a la locura, y a la muerte después, la "gota" rusa puso a prueba el deseo de acomodación y apaciguamiento de la mayor parte de sus vecinos occidentales, invitando a romper la unanimidad sobre las sanciones y alimentar el pulso que Rusia mantenía con Occidente.*
		Tras reanudarse las hostilidades y fracasado las negociaciones de Minsk, Bielorrusia, entre las partes enfrentadas, la UE

		prorrogó sus sanciones económicas y estudio ampliarlas mientras que en EEUU sopesaba la necesidad de enviar equipos militares a Ucrania.
		El goteo fue deliberado porque alimento una política de confrontación que beneficio al gobierno ruso.
		Las sanciones y condenas occidentales reforzaron al gobierno ruso porque demostraron el acoso occidental e hicieron culpable a los occidentales de las tribulaciones económicas de los ciudadanos rusos.

| | | *Occidente no supo practicar la ambigüedad, jugar a la guerra híbrida ni construir un relato que diera coherencia a sus actuaciones en esa situación de enfrentamiento sostenido.* |
| | | *Con cada gota, Rusia fue perdiendo parte de los apoyos con que contaba en Occidente y que comprendían o compartían sus razones al inicio del conflicto.* |

Cronología de acontecimientos desde la Revolución de Maidán en 2013		
Fecha y Autor	*Tema*	*Descripción del acontecimiento*
		Había elementos para una paz estable en lo que se

		negoció en Minsk. Dependió del Gobierno de Kiev, o su Parlamento, que aceptaran lo firmado o afirmado. En todo caso, esa paz no sería el mejor resultado para Ucrania, sino el menos malo.
17 de Feb. De 2015 *Andrés Ortega* *(Ortega, 2015)*	*Ucrania: la paz que se esconde tras el alto el fuego*	*Para empezar, en Minsk no se habló de Crimea. Los ucranianos la daban por perdida, y también los europeos, aunque siempre sería una China en el zapato de las relaciones entre la UE y Moscú. Eso había ganado Putin.*
		En cuanto a las zonas en conflicto, el presidente de Ucrania, Petro Poroshenko, había aceptado buscarles una autonomía dentro de Ucrania.
		Putin consiguió conversaciones trilaterales entre Rusia, Ucrania y la

		UE en cuestiones de energía y sobre la aplicación del acuerdo entre Ucrania y la UE. Es decir, que había metido una cuña en ese tema.
		En Minsk se habló de "la visión de un espacio común humanitario y económico del Atlántico al Pacífico", según rezaba la declaración de los Cuatro.
		Había un enfoque pan-europeo, la cuestión de Ucrania, víctima de su geografía y de su historia, no encontraba encaje. La renacida Organización para la Seguridad y Cooperación en Europa (OSCE), que iba a supervisar el alto el fuego, podía ser ese marco.

Cronología de acontecimientos desde la Revolución de Maidán en 2013		
Fecha y Autor	*Tema*	*Descripción del acontecimiento*
15 de Abr. De 2016 *Clara Pérez Bocanegra* *(Pérez Bocanegra, 2016)*	*Ucrania, Rusia y las sanciones: "el bueno, el malo y el feo".*	*Unión Europea decidió si renovaba sus sanciones económicas contra Rusia. Esas sanciones estaban ligadas al cumplimiento del tratado de Minsk II, que contemplaban un cese de hostilidades y la implementación, por parte de Ucrania, de un paquete de reformas constitucionales que garantizaban la autonomía y protección de los Oblasts de Donetsk y Lugansk.*
		Rusia había pasado de ser un enemigo resucitado de la Guerra Fría a ser un socio clave

		en la resolución del conflicto en Siria.
		El poder económico ruso en el sector energético ya pesaba demasiado en sus socios comerciales europeos más importantes, como Hungría e Italia, que ya se habían manifestado en contra de las sanciones económicas.
		Parte de la oposición a la renovación de sanciones se basaba en el esfuerzo económico que suponía y la dificultad de mantener su eficacia ya que, con el tiempo, agentes exportadores e importadores habían buscado mercados y productos alternativos.
		Las dudas sobre los esfuerzos reformistas ucranianos y su adhesión Minsk II se basaban en la inestabilidad endémica de Ucrania, que hacía

		pensar que el país no podría aprobar las leyes necesarias.
		Las sanciones económicas a Rusia parecían tener las horas contadas.

Cronología de acontecimientos desde la Revolución de Maidán en 2013

Fecha y Autor	Tema	Descripción del acontecimiento
23 de Mar. De 2017		*Habían pasado más de dos años desde la firma de los Acuerdos de Minsk II. El conflicto de Ucrania seguía siendo prueba de la creciente ambición revisionista de Rusia, de la fragilidad del Estado ucraniano y una de las ordalías impuestas a Occidente para devolver legitimidad al orden*

Mira Milosevich-Juaristi (Milosevich-Juaristi, 2017)	Ucrania, piedra de toque para Occidente	mundial surgido entre la Segunda Guerra Mundial y el final de la Guerra Fría.
		Los Acuerdos de Minsk II fue un documento de 14 puntos para lograr el alto el fuego entre el gobierno de Kiev y los separatistas pro rusos. Se firmó el 11 de febrero de 2015, después del fracaso del Acuerdo Minsk I (septiembre de 2014) y las negociaciones maratonianas del llamado "cuarteto de Normandía" (los presidentes de Ucrania, Rusia, Francia y Alemania).
		Los occidentales no estaban dispuestos a implicarse en una solución militar con una potencia nuclear para defender la integridad territorial de Ucrania, ya que esto supondría un conflicto mayor, más allá de las fronteras

		ucranianas.
		Los europeos creían en la paz como un medio en sí mismo, por lo que carecían de una estrategia clara para la defensa de sus principios y valores.
		Las sanciones económicas y el aislamiento político no habían conseguido cambiar el comportamiento del Kremlin en Ucrania.

Cronología de acontecimientos desde la Revolución de Maidán en 2013		
Fecha y Autor	*Tema*	*Descripción del acontecimiento*
		¿Qué finalidad estratégica perseguía Rusia con la construcción de los gasoductos Nord

9 de May. De 2018		***Stream II y Turk Stream? ¿Cuál sería el impacto estratégico en la UE si su construcción finalizara ese año, como está previsto?***
Mira Milosevich-Juaristi *(Milosevich-Juaristi, Los aliados de Rusia: su ejército, su armada y su gas, 2019)*	*Los aliados de Rusia: su ejército, su armada y su gas.*	*En palabras del presidente Vladimir Putin, los hidrocarburos constituyen "una poderosa palanca política y económica de influencia sobre el resto del mundo". (Lyne, Talbott, & Watanabe, 2006).*
		Rusia era una gran potencia energética, pues poseía una quinta parte de las reservas de gas natural del mundo y la octava parte del petróleo, y era líder en el mercado europeo, ya que casi el 40% del gas que importaban los países de Europa era ruso. (Cohen, 2018).
		Las enormes reservas de

		gas y petróleo, y las conexiones de los oleo y gasoductos que atravesaban varias fronteras de los países de Eurasia, eran la base esencial del poder de Rusia y el principal instrumento de su política exterior.
		El objetivo principal del Kremlin, tanto en el aspecto económico como en el político, fue mantener, y de ser posible aumentar, la dependencia europea del gas ruso y privar a Polonia y, sobre todo a Ucrania, de las lucrativas tarifas de tránsito de gas, que representaban el 3% de su PIB.
		Los NS2 y TS son instrumentos de la guerra económica contra Kiev.

Cronología de acontecimientos desde la Revolución de Maidán en 2013		
Fecha y Autor	*Tema*	*Descripción del acontecimiento*
9 de May. De 2018 *Mira Milosevich-Juaristi* *(Milosevich-Juaristi, Los aliados de Rusia: su ejército, su armada y su gas, 2019)*	*Los aliados de Rusia: su ejército, su armada y su gas.*	*La posición común sobre seguridad energética era crítica para la viabilidad de la UE como fuerza política.*
		El NS2 representaba un fracaso de la política energética europea porque ponía en evidencia que los intereses nacionales de Alemania estaban por encima de los comunitarios.
		Rusia debilitaba la solidaridad entre los países miembros, que era el mínimo denominador común de la posibilidad de la UE.
		El aspecto más

		problemático de la política energética de Rusia fue su fácil instrumentalización para ampliar su influencia política, por lo que Moscú formo parte del problema y de la solución del suministro del gas natural a Europa.
		Los gasoductos NS2 y TS no fueron proyectos puramente comerciales, pues persiguieron objetivos de la política exterior rusa.
		El Estado, no había que olvidar, era el accionista mayoritario de Gazprom.
		Aun cuando el Parlamento europeo, aprobó una moción que definía la construcción del NS2 como un "proyecto político que representaba una amenaza para la seguridad energética europea", no fue capaz de bloquearlo.

Cronología de acontecimientos desde la Revolución de Maidán en 2013		
Fecha y Autor	*Tema*	*Descripción del acontecimiento*
3 de Oct. De 2019 *Mira Milosevich-Juaristi y Anastasia Austin* *(Milosevich-Juaristi & Austin, 2019)*	*Ucrania en "modelo sándwich": entre las instituciones internacionales y la sociedad civil.*	*El éxito político de Volodimir Zelensky se vería determinado por su capacidad para cumplir sus promesas electorales, sobre todo dos de ellas: combatir la corrupción y la economía sumergida y encontrar una solución para el enquistado conflicto de Donbás.* *El éxito de su gobierno dependió del apoyo del Parlamento, pero aún más del marco en el que se desarrolló su gobernanza.*

		Trabajo entre presiones de la sociedad civil para seguir adelante con la lucha contra la corrupción y las de las instituciones internacionales, que condicionaron, como siempre, su apoyo económico al cumplimiento de la agenda de reformas.
		Un cambio del marco legislativo y jurídico fue clave para la lucha contra la corrupción y la economía sumergida, pero no la única condición ni la más difícil de cumplir.
		El éxito de Ucrania no dependerá sólo de la buena voluntad de Zelensky y de su equipo. Es imprescindible que la

		comunidad internacional, y sobre todo la UE, apoye y ayude a Ucrania.
		La UE tiene interés geopolítico en contener a Rusia y para hacerlo debe apoyar incondicionalmente a Ucrania.

Cronología de acontecimientos desde la Revolución de Maidán en 2013

Fecha y Autor	*Tema*	*Descripción del acontecimiento*
14 de Abr. De 2021		*Formalmente no habría nada que objetar al hecho de que Rusia realice maniobras militares o movimientos de tropas en su propio territorio; aunque sea cerca de la frontera con un vecino como Ucrania, con el que mantiene unas relaciones claramente*

Jesús A. Núñez Villaverde (Núñez Villaverde, Ucrania, un conflicto no tan congelado, 2021)	Ucrania, un conflicto no tan congelado	*hostiles.* *El problema fue que se trato del mismo país que, en 2014, se anexionó la península de Crimea y que, desde entonces, apoyaba militarmente a los separatistas del Donbás. En 2021 Moscú mantenía unos 40.000 efectivos militares en Crimea y otros tantos en la vecindad inmediata de los óblast de Donetsk y Lugansk.*
		Desde junio de 2019, la concesión de pasaportes rusos a los habitantes del Donbás se estimó en 640,000 de ese modo Moscú se doto de un argumento adicional, que cobraba mayor peso cuando se recuerdan sus actuaciones militares en Osetia del Sur, Absajia o Transnistria.
		La situación se deterioró

		a partir de que Volodimir Zelensky, decidió sancionar a un oligarca local, Viktor Medvedchuk, amigo personal de Vladimir Putin, y prohibir las emisiones de tres canales prorrusos de televisión.
		Siguió sin producirse ningún avance en el terreno diplomático, por más que se sucedieron las protestas contra Moscú por parte de la Unión Europea, EE. UU. y la OTAN, en relación con lo que todos consideraron como una "agresiva concentración militar" rusa.

Cronología de acontecimientos desde la Revolución de Maidán en 2013

Fecha y Autor	Tema	Descripción del acontecimiento
		Desde 2014 la rivalidad y la confrontación se han

7 de May. De 2021 Mira Milosevich-Juaristi (Milosevich-Juaristi M. , La nueva estrategia de la UE para Rusia: un equilibrio de debilidad, 2021)	La nueva estrategia de la UE para Rusia: un equilibrio de debilidad	*intensificado entre Bruselas y Moscú, sobre todo en los países de la Política de Vecindad Oriental (Armenia, Azerbaiyán, Bielorrusia, Georgia, Moldavia y Ucrania) y por el envenenamiento del opositor ruso Alexéi Navalni.*
		Borrell proponía un compromiso renovado con los Cinco Principios Rectores de la política de la UE hacia Rusia, adoptados en 2016.
		El éxito de su propuesta dependió de la capacidad de la UE de realizar con sentido y acción política un eslogan de tres palabras, ("hacer retroceder, contener y comprometerse") así como de la posibilidad de acción conjunta de los países miembros, más allá de la imposición de sanciones económicas a Rusia.

		Dependió también de la respuesta rusa, sobre todo en los países de la Política de Vecindad Oriental limítrofes con la UE (Ucrania y Bielorrusia).
		El deterioro de las relaciones entre Rusia y la UE siguió agravándose, porque había una incompatibilidad entre aquella como actor geopolítico y el poder normativo de la UE; es decir, entre los objetivos de política exterior y seguridad de ambos.
		Siguió predominando el antagonismo entre Bruselas y Moscú en su visión del orden internacional y del concepto de la soberanía nacional.

Cronología de acontecimientos desde la Revolución de Maidán en 2013		
Fecha y Autor	**Tema**	**Descripción del acontecimiento**
		Se empezaba a pensar que Putin estaba ganando con el pulso político-militar que había lanzado en torno a Ucrania, aunque también perdía en otros aspectos.
25 de Ene. De 2022 *Andrés Ortega* *(Ortega, Putin gana y pierde: ¿hacia un nuevo orden europeo?, 2022)*	*Putin gana y pierde: ¿hacia un nuevo orden europeo?*	*Un objetivo principal era que la OTAN no avanzara más hacia Rusia, lo que significa que Ucrania y Georgia no entraran en la Alianza. Aunque todo esto tenía mucho mayor alcance, se trataba, para Putin, del orden europeo, y del global.*
		Occidente no se planteaba realmente la entrada de Ucrania en la OTAN, aunque no le pudo cerrar

		la puerta formalmente, y sí enviarle armas.
		Si Rusia lograba un cierto entendimiento con Occidente, y sobre todo con EEUU, se vería reconocida de hecho su anexión de Crimea en 2014, y mantendría Ucrania como un "conflicto latente" como en otros lugares del espacio post-soviético.
		La crisis con Ucrania se estaba desarrollando en unos tiempos de recomposición del espacio soviético, con Bielorrusia, y en Kazajistán, donde había habido una mezcla de revuelta popular y de revuelta de las elites, desde transiciones no completadas a la democracia.
		Putin temió tanto una verdadera democratización liberal de su entorno, y en primer lugar de Ucrania.

Cronología de acontecimientos desde la Revolución de Maidán en 2013		
Fecha y Autor	*Tema*	*Descripción del acontecimiento*
25 de Ene. De 2022 *Mira Milosevich-Juaristi*		*Con sus tropas a lo largo de la frontera oriental de Ucrania, aparentemente a punto de invadirla, el Kremlin estuvo emitiendo tácitamente demandas para un nuevo enfoque de la seguridad europea.*
(Milosevich-Juaristi M. , Rusia y el orden de seguridad europeo: del descontento pasivo al revisionismo activo, 2022)	*Rusia y el orden de seguridad europeo: del descontento pasivo al revisionismo activo*	*Desde finales de los años 90, el Kremlin había expresado su desacuerdo con la ampliación de la OTAN hacia sus fronteras occidentales, pero desde la guerra de Georgia en 2008 y, sobre todo, desde el conflicto de Ucrania*

		en 2014, las acciones de Rusia habían mutado de un descontento pasivo al revisionismo activo.
		La anexión de Crimea no fue la causa de la ruptura de las relaciones entre Rusia y Occidente.
		Las exigencias de Moscú acerca del cambio del orden de seguridad europeo no eran solo consecuencia del apoyo occidental a Ucrania, sino del empeño ruso de socavar el papel de la OTAN y EEUU en el continente europeo.
		El "Occidente colectivo", reconocía el legítimo derecho que asiste a Moscú de proteger su seguridad nacional, no debía ceder a la presión rusa para volver a una Europa de "zonas de influencia" análoga a las establecidas en los

| | | *Acuerdos de Yalta en 1945.* |
| | | *Todos los acuerdos y desacuerdos occidentales con Rusia debían de gozar de credibilidad militar.* |

Cronología de acontecimientos desde la Revolución de Maidán en 2013		
Fecha y Autor	*Tema*	*Descripción del acontecimiento*
31 de Ene. De 2022		*Occidente mostro una gran cohesión en torno a una triple respuesta: disposición a dialogar; medidas disuasorias frente a una acción militar rusa en Ucrania, a través de sanciones comerciales y financieras; el compromiso con la seguridad de los Estados miembros de la OTAN en la zona, mediante el envío o la puesta en alerta de*

Ricardo López Aranda *(López Aranda, 2022)*	*La crisis de Ucrania, la UE y la cohesión occidental*	*fuerzas aliadas adicionales.*
		Las sanciones comerciales y financieras europeas en caso de agresión rusa se prepararon en el marco de la UE, que era el único foro europeo que tenía competencia y capacidad para adoptar este tipo de medidas.
		La UE desempeño un papel fundamental a la hora de garantizar un amplio apoyo entre los europeos a la posición occidental, dado el alto nivel de adhesión que suscitó en las opiniones públicas de los Estados miembros.
		La respuesta conjunta a la crisis provocada por Rusia en torno a Ucrania fue una ocasión para visibilizar ante las sociedades estadounidense y europea que la UE y EEUU son y siguen siendo socios esenciales en la defensa de los valores e intereses que comparten.

		En definitiva este fue un conflicto no deseado por Europa ni por EEUU, pero una vez impuesto por Rusia requería una respuesta adecuada y común. La opción preferida por Occidente para salir de esa crisis era la de la diplomacia.

Cronología de acontecimientos desde la Revolución de Maidán en 2013		
Fecha y Autor	*Tema*	*Descripción del acontecimiento*
		La amenaza de guerra en Ucrania puso de relieve la importancia de ordenar prioridades geoestratégicas tanto para la OTAN como para EEUU, a la vez que puso de manifiesto las conexiones que existían entre Europa y Asia.

14 de Feb. De 2022 Luis Simón (Simón, 2022)	Ucrania y el equilibrio de poder: un análisis inter-regional	*Se considero cómo la crisis en Ucrania afectaba, de manera directa o indirecta, a otros intereses occidentales, en particular en relación China y Asia.*
		Resaltar la importancia de preservar un equilibrio de poder favorable en las regiones de Europa y Asia Oriental.
		Preservar el equilibrio de poder en Europa y Asia Oriental no fue solamente importante para la seguridad nacional de EEUU; fue la primera línea de defensa de un orden internacional abierto que favoreciera a sus socios y aliados europeos y asiáticos.
		La reorientación de EEUU hacia Asia o su decisión de priorizar la disuasión con China eran el interés de Occidente en su conjunto, ya que el principal propósito era defender el

		sistema abierto en su punto más débil, es decir Asia Oriental.
		La independencia de Ucrania era un valioso activo para el perímetro defensivo de la OTAN en Europa, ya que dicho país separaba a Rusia de Europa Central y de la Península Balcánica.

Cronología de acontecimientos desde la Revolución de Maidán en 2013		
Fecha y Autor	*Tema*	*Descripción del acontecimiento*
		China respeta la soberanía y la integridad territorial de todos los países, incluyendo Ucrania. Esto sería consistente con el hecho de que Pekín no reconoce la independencia de las

		repúblicas de Donetsk y Lugansk, del mismo modo que no reconoció en su momento la anexión rusa de Crimea.
28 de Feb. De 2022 *Mario Esteban* *(Esteban, 2022)*	*Algunas incongruencias de la posición china en Ucrania*	*China rechaza la expansión de alianzas militares como mecanismo para aumentar la seguridad de un Estado, por el deterioro que podría causar ese movimiento en la seguridad de otros.*
		La diplomacia china ni condeno ni califico negativamente la intervención militar rusa sobre Ucrania, a la que denomino como una "misión militar especial", adoptando la narrativa oficial rusa y alabando implícitamente la contención del ejército ruso al haber renunciado a utilizar misiles, aviación y artillería contra ciudades ucranianas.

		Ucrania no debe ser una frontera entre dos bloques, y la UE y Rusia deben renegociar su relación de seguridad en términos de igualdad dejando al margen a EEUU, para que así puedan formar un mecanismo de seguridad equilibrado, efectivo y sostenible.
		China no apoya resoluciones que impliquen la imposición de sanciones o la justificación del uso de la fuerza.
		China país responsable, que se opone firmemente a todas las hegemonías y a la política del poder.

Cronología de acontecimientos desde la Revolución de Maidán en 2013		
Fecha y Autor	*Tema*	*Descripción del acontecimiento*
		La invasión de Ucrania por tropas rusas provoco la salida del país de cientos de miles de refugiados, acogidos por los países vecinos de la UE y Moldavia.
1 de Mar. De 2022 *Carmen González Enríquez* *(González Enríquez, 2022)*	*La invasión de Ucrania y el derecho al refugio en la Unión Europea*	*La Comisión Europea promovió: "La presente Directiva tiene por objeto establecer normas mínimas para la concesión de protección temporal en caso de afluencia masiva de personas desplazadas procedentes de terceros países que no pueden volver a su país de origen, y fomentar un esfuerzo equitativo entre los Estados miembros para acoger a dichas personas y asumir las consecuencias de su acogida".*

		La clave de la diferencia entre la reacción ante esos refugiados ucranianos y la suscitada ante los que provenían de otras zonas del mundo estribaba en la cercanía cultural y en la percepción de la amenaza de la que huían.
		La comunidad ucraniana era importante sobre todo en Polonia, donde sumaba más de un millón de personas, en su mayoría inmigrantes que compensaban la pérdida de población activa polaca que había emigrado hacia occidente.
		La apertura de Europa del Este ante los refugiados ucranianos era resultado de una solidaridad basada en la cercanía cultural y en la conciencia de compartir la amenaza que obligaba a los ucranianos a huir.

Cronología de acontecimientos desde la Revolución de Maidán en 2013		
Fecha y Autor	*Tema*	*Descripción del acontecimiento*
2 de Mar. De 2022 *Miguel Otero y Federico Steinberg* *(Otero Iglesias & Steinberg, 2022)*	*La guerra de Ucrania en el tablero económico*	*La guerra destruye capital físico y humano, aumenta la incertidumbre y frena la inversión y el consumo.* *Al impacto económico de la guerra se añadió el incierto efecto del tensionamiento de los mercados energéticos y de materias primas, así como, el impacto de otras medidas económicas que se fueron adoptando por continuar el conflicto.* *Todo ello condujo a la economía mundial, a un menor crecimiento y a una mayor inflación; además de una acusada desaceleración del*

		crecimiento llego a convertirse en recesión en muchos países europeos, debido a los shocks en los mercados financieros y de commodities.
		La guerra tuvo lugar en un contexto de recuperación de la economía mundial tras dejar atrás las peores fases de la pandemia del COVID-19 con crecimientos de los precios no vistos en décadas y con importantes cuellos de botella en las cadenas de suministro globales.
		Tras algunas dudas por parte de Alemania e Italia, muy dependientes del gas ruso y que temían cortes de suministro, se decidió sacar del sistema SWIFT a algunos bancos rusos.

		Occidente decidió mantener en SWIFT a los bancos más centrados en el sector energético para no bloquear el flujo de liquidez.

Cronología de acontecimientos desde la Revolución de Maidán en 2013

Fecha y Autor	Tema	Descripción del acontecimiento
		Limitar el acceso de Rusia a los sistemas de pagos y su posibilidad de intervenir en los mercados de divisas tuvo un fuerte impacto en su economía y en su estabilidad financiera.
2 de Mar. De 2021 *Enrique*	*Los efectos de la invasión de Ucrania*	*Dada la fuerte interdependencia económica entre Rusia y la UE, esta última también sufrió; finalmente no pudo haber sanciones efectivas sobre Rusia que no*

Feas (Feas, 2022)	sobre la economía española	tuvieran impacto en la economía europea.
		La inevitable subida de tipos de interés ralentizo la recuperación económica en Europa, en especial en algunos países que, como España, iban un poco más retrasados.
		Hubo efectos de esta crisis sobre algunos países emergentes con los que las empresas españolas tuvieron un alto grado de exposición, como algunos países de Latinoamérica o Turquía.
		Seguramente la menor dependencia rusa de España le permitió sortear los efectos sobre la economía real de esta crisis, más allá, por supuesto, de los graves efectos sobre empresas específicas, pero el mayor endeudamiento relativo de

		España y retraso respecto al ciclo europeo le puso en una peor situación en el momento en que los precios de energía y alimentos se trasladaron al conjunto de la economía europea y los tipos de interés y los diferenciales de deuda recogieron estos mayores riesgos.

Cronología de acontecimientos desde la Revolución de Maidán en 2013

Fecha y Autor	*Tema*	*Descripción del acontecimiento*
2 de Mar. De 2022 *Carlota García*	*Discurso*	*Nada ha unido más a los estadounidenses detrás de un presidente que una crisis internacional, incluso cuando las tropas estadounidenses no están directamente involucradas. Y de hecho así lo demuestran las encuestas.* *Enmarcó la situación en la batalla entre la democracia y la autocracia que había*

Encina (García Encina, 2022)	sobre el estado de la Unión 2022: ¿Tengo un plan?	sido característica de su presidencia, pero no mencionó la multitud de otras amenazas a la seguridad mundial a las que se enfrentaba EEUU.
		A la que identifican como su principal prioridad en política exterior, China, la mencionó solo en dos ocasiones, y únicamente en relación con la competencia económica, no como la principal prioridad para los planificadores del Pentágono.
		Tampoco mencionó las nuevas negociaciones nucleares con Irán, o la inestabilidad en Oriente Medio y Afganistán.
		Hablo de unidad interna y con los aliados para ayudar a los ucranianos, y cerró el círculo volviendo de nuevo

		a hacer un llamamiento a la democracia y apelando a la unidad un momento de responsabilidad ante los retos domésticos.
		Biden demostró que estaba comprometido con la democracia dentro y fuera de EEUU.

Cronología de acontecimientos desde la Revolución de Maidán en 2013		
Fecha y Autor	*Tema*	*Descripción del acontecimiento*
		Todo ha cambiado cuando la UE ha tomado "consciencia de los desafíos a los que nos enfrentamos" y ha decidido utilizar su "capacidad coercitiva, la capacidad de imponer".
		El objetivo de esas acciones de contraataque habían sido morder a

3 de Mar. De 2022 Ignacio Molina (IMolina, 2022)	*Nace la Europa geopolítica y se bautiza en Naciones Unidas*	*Rusia: represalias a sus élites políticas, aislamiento de empresas, inmovilización de activos, expulsión del SWIFT, paralización del Nord Stream 2, castigos deportivos y culturales, suministro de armas a Ucrania, etc.*
		De modo paralelo, la diplomacia europea había estado trabajando en otro plano para obligar a toda la comunidad internacional a tomar partido y, lógicamente, tratar de inclinarla de su lado. La celebración de una sesión especial de urgencia en la Asamblea General de Naciones Unidas -convocada, bajo el formato "Uniting for Peace" para tratar de circunvalar en el nivel político el previo veto ruso a una condena del Consejo de Seguridad- había sido la ocasión idónea para medir, voto a voto, esa capacidad de influencia.

		Había que "ver la temperatura de la comunidad internacional, cuántos países creen que esto es una agresión injustificada e injustificable que debe ser condenada y cuántos no se apuntan a esta posición."
		Bruselas y Washington estuvieron muy interesados en aislar a Moscú, sobre todo la "Europa geopolítica" la que enfrentaba su primer test serio el día después de haberse certificado su acta de nacimiento.

Cronología de acontecimientos desde la Revolución de Maidán en 2013		
Fecha y Autor	*Tema*	*Descripción del acontecimiento*
		La agresión de Rusia contra la soberanía y la integridad territorial de

		Ucrania, da la razón a quienes creen que el derecho internacional va camino de ser sustituido por la ley del más fuerte.
3 de Mar. De 2022 *Ricardo López-Aranda* *(López-Aranda, 2022)*	*La Resolución de la Asamblea General de las Naciones Unidas sobre Ucrania y la pugna por el orden internacional*	*En una declaración China se opone por primera vez a la expansión de la OTAN y avala la propuesta rusa de establecer "garantías jurídicas en materia de seguridad" en Europa, garantías que, tal como las ha planteado Rusia, significan, de facto, el reconocimiento de una zona de influencia rusa.*
		En el plano de las ideas, la declaración reflejo el designio de ambas potencias de apropiarse de los conceptos de democracia y derechos humanos, desnaturalizándolos y dándoles una lectura que servía a sus intereses.

| | | *Esta narrativa, que iba en el sentido de desvirtuar y, en último término, desmontar el orden internacional basado en normas y valores tal como se conoce, exigió una contra-estrategia, no sólo por parte de los países occidentales, sino de todos aquellos miembros de la comunidad internacional que deseaban poner un freno a la razón de la fuerza, a la desnaturalización de los derechos humanos y a la instrumentalización de las instituciones multilaterales.* |
| | | *Se deploró el reconocimiento por parte de Rusia de las regiones ucranianas de Donetsk y Lugansk, en violación de la soberanía y la integridad territorial de Ucrania.* |

Cronología de acontecimientos desde la Revolución de Maidán en 2013		
Fecha y Autor	*Tema*	*Descripción del acontecimiento*
		En Ucrania está en juego la estabilidad del gobierno actual y del orden internacional, pero también la protección de su seguridad nacional y de las personas.
4 de Mar. De 2022 *Raquel Jorge Ricart* *(Jorge Ricart, 2022)*	*Ucrania en busca de refugio digital*	*De ahí, la importancia de analizar la capacidad de respuesta de Ucrania ante una posible toma de su infraestructura digital por parte de Rusia, así como los posibles escenarios más óptimos en los que Ucrania podría apoyarse para proteger los datos sensibles de su país, en especial en colaboración con terceros países.*
		No es solamente algo de

		ámbito militar o de seguridad nacional, también puede suponer una emergencia nacional de alto calibre si un sistema público pierde el control sobre los centros de datos situados a lo largo del territorio y en los que se encuentran datos personales sensibles, desde la seguridad social hasta el registro civil, e información sobre sectores económicos estratégicos.
		En el conflicto en Ucrania, el gobierno ucraniano tomaba una posición preventiva en la defensa de su infraestructura digital, que buscaba adelantarse a cualquier tipo de toma física de los servicios, así como protegerse de cualquier ciberataque que, pese a haber ocurrido ya, en ningún caso había sido a gran escala ni había causado un efecto crítico hasta ese momento.
		No se había producido hasta ese momento un ciberataque a gran escala que haya afectado a los pilares del

		sistema de seguridad ucraniano.

Cronología de acontecimientos desde la Revolución de Maidán en 2013

Fecha y Autor	Tema	Descripción del acontecimiento
4 de Mar. De 2022 Fernando Reinares (Reinares, 2022)	El soslayado componente terrorista en la amenaza híbrida que supone la Rusia de Putin	La invasión de Ucrania ha dejaba claro cuáles eran los fines últimos y nos advertía sobre el rango de medios que estaban dispuesto a utilizar, incluyendo el patrocinio estatal del terrorismo y la advertencia del terrorismo nuclear, para buscar debilitar a los países del mundo occidental.
		Se llevo al límite la manipulación del relato histórico para justificar que Ucrania desapareciera como

		nación independiente e incorporar su territorio y su población a Rusia por la fuerza de las armas.
		Se pretendía avanzar en su objetivo combinado de expandir Rusia, redelimitar los fundamentos de la seguridad europea y socavar la estabilidad de las democracias liberales.
		Las autoridades rusas desarrollaron iniciativas subversivas como los ciberataques, la injerencia en procesos políticos en general y electorales, en particular a través de instrumentos oficiales de propaganda como Russia Today o Sputnik.
		Combinadas con manifestaciones convencionales y no convencionales de intervención bélica en la periferia de Rusia, ese conjunto de iniciativas subversivas encaja en lo que desde hace tiempo se

		conoce como amenaza híbrida.

Cronología de acontecimientos desde la Revolución de Maidán en 2013		
Fecha y Autor	**Tema**	**Descripción del acontecimiento**
22 de Mar. De 2022 **Andrés Ortega**	**La guerra y el resto del mundo**	*Esta guerra es entre Rusia y Ucrania pero es también un conflicto entre Rusia y Occidente o, si se prefiere, el eje del Atlántico Norte-Pacífico (en este último entran Australia, Nueva Zelanda, Japón y Corea del Sur), el de la coalición anti-Putin; mas el resto del mundo, con algunos actores globales y regionales.*
		Esta guerra ha puesto de relieve que estamos en otro mundo, y no sólo por Putin y su guerra, sino por tendencias que venían de antes y se han acentuado.

(Ortega, La guerra y el resto del mundo, 2022)		*El 2 de marzo del 2022 en la Asamblea General de la ONU condeno en una Resolución sin consecuencias, la invasión rusa.*
		China, se abstuvo en la Asamblea General pese a su derecho de veto, en el Consejo de Seguridad, estuvo una situación que le podía situar en una posición clave, si no de mediación al menos de ayuda a Rusia para salir del atolladero, con lo que ganaría influencia e imagen.
		La dependencia de la compra de grano y armas a Rusia, dos terceras partes del armamento indio es de origen ruso, pero compra muy poco gas y petróleo a Rusia. Necesita preservar su equidistancia y su margen de maniobra.
		Turquía, votó a favor, vende

		drones a Kyiv pero no entrega armas a Ucrania, busca ganar peso regional, sobre todo si Rusia logra un dominio en el acceso al Mar Negro. Quiere, con una posición bastante neutral o incluso de posible mediador, pese a ser un país de la OTAN

Cronología de acontecimientos desde la Revolución de Maidán en 2013		
Fecha y Autor	*Tema*	*Descripción del acontecimiento*
25 de		*La guerra de Ucrania va a acelerar el proceso de cambios de la globalización. Este proceso se encontraba ya en marcha antes de la pandemia. Se había empezado a hablar de nuevos conceptos e ideas como desglobalización o pérdida de fuerza de las*

Mar. De 2022	La guerra de Ucrania acelerará los cambios en la globalización	cadenas globales de valor.
Enrique Fanjul		Con la pandemia se popularizaron conceptos como el acortamiento o la regionalización de las cadenas de valor, la producción en proximidad, necesidad de una mayor diversificación de suministradores, así como de mantener mayores niveles de stocks, estrategias de aprovisionamiento just in case en vez de just in time.
(Fanjul, 2022)		
		La guerra de Ucrania está teniendo un enorme impacto a corto plazo en las relaciones económicas internacionales.
		La guerra ha afectado al transporte de mercancías entre Asia, en particular China, y Europa.
		Las sanciones han creado incertidumbre, y están afectando negativamente

		a los flujos económicos internacionales.
		El riesgo geopolítico va a adquirir un protagonismo mucho mayor, tanto por parte de los gobiernos como, sobre todo, por parte de las empresas. Lo que parecía impensable, una guerra en Europa, se ha hecho sin embargo realidad con la brutal invasión de Ucrania por Rusia.

Cronología de acontecimientos desde la Revolución de Maidán en 2013		
Fecha y Autor	*Tema*	*Descripción del acontecimiento*
		Las sanciones de Occidente provocaron una caída del PIB ruso de hasta un 15% y llevaron la inflación a más del 20%. Esto fue duro para la población rusa.

31 de Mar. De 2022 *Miguel Otero Iglesias* *(Otero Iglesias M. , 2022)*	*¿Puede resistir las sanciones la economía rusa?*	*El rublo se recuperó, el sistema financiero ruso aguanto y después de las sanciones de 2014 la economía rusa se hizo más pobre, pero también más resistente.*
		Si se pretende debilitar realmente a Putin, la UE tendría que ampliar sus sanciones al sector de la energía, y aun así es probable que China y la India le proporcionarian cierta vía de escape.
		Este pulso puede durar mucho más de lo esperado y la UE tiene que prepararse para un conflicto largo con los nacionalistas rusos, incluso si hay un alto el fuego en Ucrania.
		Las consecuencias a largo plazo fueron muy dañinas ya que disminuyó la inversión y hubo una salida (todavía mayor) de capital humano, al tiempo que se

		reconfiguraban los flujos energéticos y de otras materias primas a nivel internacional.
		Hay que señalar aquí que las sanciones económicas tienen menos efecto si la economía objetivo es relativamente cerrada, y ese es justamente el caso de Rusia.
		Desde 2019 el Kremlin también viene testando la posibilidad de desconectar Rusia del internet global y operar con uno doméstico llamado Runet.

Cronología de acontecimientos desde la Revolución de Maidán en 2013		
Fecha y Autor	*Tema*	*Descripción del acontecimiento*
		Ese lunes 20 de enero de 2025 hizo frío en Washington, como es

5 de Abr. De 2022 *Andrés Ortega* *(Ortega, Frío 20 de enero de 2025, 2022)*	*Frío 20 de enero de 2025*	*habitual por esas fechas. Era un frío que reflejaba bien el estado de un mundo en tensión y en rearme, que no había salido de las diversas crisis provocadas por la guerra y la pandemia, y en el que la globalización se encogía y regionalizaba a ojos vista. El Mall estaba a rebosar para asistir al inicio del ejercicio de un nuevo presidente de EEUU. Vladimir Putin, desde su habitual despacho en el Kremlin, tenía la televisión puesta para ver, y, sobre todo escuchar, al nuevo inquilino de la Casa Blanca en el discurso que iba a fijar sus líneas maestras. Como Xi Jinping, desde Pekín. Las elecciones del 8 de noviembre anterior, a las que no se presentó ni Joe Biden, mayor, aquejado de problemas de salud, ni su fallida vicepresidenta Kamala Harris, habían reflejado un país profundamente dividido, casi por mitades. De los protagonistas de las tres grandes potencias —más la propia Ucrania— en la crisis provocada por la guerra de*

2022, sólo quedaban dos, y no es que se llevaran bien entre sí, pero tampoco con EEUU, ni con Europa, pese a que Emanuel Macron y Olaf Scholz seguían manteniendo una capacidad de interlocución con Putin y con Xi. "Nos pusimos en brazos de Biden. Menos mal que logramos que la UE avanzara algo en lo geopolítico y en lo militar, aunque no en la política de defensa", le comentó por el móvil el francés al alemán, mientras ambos, uno en el Elíseo y otro en la Cancillería en Berlín, estaban pegados a sus televisores, y reflexionando como buenos políticos no sobre hacia dónde iba a ir el mundo, sino hacia dónde dirigirlo, o intentarlo, al menos.

La prospectiva no consiste en adivinar el futuro, ni siquiera el pasado, sino en construir ese futuro o futuros. Macron lo sabía muy bien. Venía de esa escuela.

Cronología de acontecimientos desde la Revolución de Maidán en 2013		
Fecha y Autor	*Tema*	*Descripción del acontecimiento*
18 de Abr. De 2022 *Jesús A. Núñez Villaverde* *(Núñez Villaverde, ¿Estamos en guerra con Rusia?, 2022)*	*¿Estamos en guerra con Rusia?*	*El lenguaje que impuesto Vladimir Putin a los rusos definió su actuación en Ucrania como una "operación especial militar", evitando tanto el uso de la palabra guerra como la de invasión.*
		Moscú dejó claro que todo apoyo a Ucrania por parte de terceros países- fuera en forma de sanciones contra Rusia o de suministro de material militar a Kyiv- tendrá repercusiones insoportables para quienes decidan dar ese paso.
		El 5 de marzo del 2022 Rusia daba a conocer un

		listado de 48 países a los que definía como hostiles, con los veintisiete en lugar destacado, además de Canadá, Estados Unidos, Japón o Reino Unido. En definitiva, para Putin no cabía ninguna duda de que, más allá de las palabras usadas en cada caso, se estaba en guerra.
		La guerra, como es bien sabido, se desarrolla simultáneamente en muchos frentes y el puramente militar no es, desde luego, ni el único ni siempre el más importante.
		En el mundo cada vez más globalizado el componente económico, tanto en el plano comercial como en el financiero, y las sanciones contra un país resultan armas más potentes que los misiles o

		las balas.
		Evitar la invasión era posible si hubiera voluntad para incluir la prohibición de importaciones de gas y petróleo.

Cronología de acontecimientos desde la Revolución de Maidán en 2013		
Fecha y Autor	*Tema*	*Descripción del acontecimiento*
		El estallido de la guerra en Ucrania supone el enésimo recordatorio de que a la UE le corresponde actualizar sus herramientas de política exterior y desempeñar un papel más proactivo en su vecindario.
21 de abr. De 2022		*La actualización es la única ruta para dar con ideas que sirvan para*

Federico Steinberg y Jorge Tamames (Steinberg & Tamames, 2022)	La UE en el mundo tras la guerra de Ucrania	*estructurar su acción exterior en el futuro, urge entender cuáles no han funcionado en las últimas décadas.*
		El conflicto representa una ruptura sin precedentes del orden de seguridad euro-atlántico, que desde 2008 arrastraba un deterioro considerable.
		EEUU seguirá siendo un aliado y socio clave para la UE, pero en el futuro cada vez estará más absorto por su competición con China en el Indo-Pacífico.
		La UE debe reevaluar sus capacidades y estrategias para estructurar sus relaciones con China y otras potencias, pero también le corresponde desempeñar un papel más proactivo en su vecindario, justo en un momento en que se ve más regido por

		choques militares y dinámicas de competición dura.
		Por parte de Rusia nos encontramos con un revisionismo histórico nacionalista y descarnado. En la UE existe la sensación de que estamos ante una disyuntiva entre idealismo naif y realpolitik cruda.

Cronología de acontecimientos desde la Revolución de Maidán en 2013		
Fecha y Autor	*Tema*	*Descripción del acontecimiento*
10 de Mayo De 2022 *Mira Milosevich-*		*Desde el comienzo de la guerra los objetivos políticos y estratégicos de EEUU y la OTAN han pasado de la prioridad de ayudar a Ucrania a defenderse mediante el abastecimiento de armas, instrucción*

Juaristi	*La evolución de los objetivos políticos de EEUU en Ucrania y la probabilidad de una guerra nuclear*	*militar y auxilio económico, a la de castigar la agresión y debilitar a Rusia.*
(Milosevich-Juaristi M. , La evolución de los objetivos políticos de EEUU en Ucrania y la probabilidad de una guerra nuclear, 2022)		*El cambio de los objetivos políticos occidentales en Ucrania plantea la cuestión de si Rusia usaría armamento nuclear contra los países que quieran debilitarla.*
		En la actualidad estamos aparentemente ante una mayor probabilidad del uso de armas nucleares que durante la Guerra Fría. EEUU y la URSS desarrollaron sus respectivos programas nucleares desde los años 40.
		El objetivo de Occidente debería ser ayudar a Ucrania a

		ganar a esta guerra, es decir, a derrotar a Rusia en territorio ucraniano. Intentar derrotar a Vladimir Putin en Rusia, el pueblo se identifica mayoritariamente con sus autócratas, además de un error estratégico (una Rusia debilitada sería aún más revisionista y revanchista que la Rusia actual), equivale a una imprudencia peligrosa.
		La Historia ha mostrado que Rusia tiene una gran capacidad para defenderse de agresores externos y que sólo opta por cambios convulsivos cuando el pueblo pierde confianza en su sistema político, como ocurrió en 1917 y 1991. Así que se debe dejar a los rusos elegir el gobernante que se merecen.

Cronología de acontecimientos desde la Revolución de Maidán en 2013		
Fecha y Autor	*Tema*	*Descripción del acontecimiento*
6 de Julio de 2022 *J. Antonio Espí y Luis de la Torre Palacios* *(Espí & De la Torre Palacios, 2022)*	*Posibles efectos de la guerra Rusia-Ucrania en el mercado de las materias primas: los recursos minerales*	*Con el nuevo panorama de implementación de las energías renovables desplazando a los tradicionales combustibles fósiles, se dan las condiciones para pensar en su nuevo papel dentro del mapa geopolítico.*
		La creencia de que el origen del conflicto Rusia-Ucrania se encuentra relacionado con el control de los suministros de las materias primas minerales, resulta poco fundamentado.
		En el panorama de la contienda no pueden preverse impactos importantes en el suministro de materias

		primas . *La historia reciente muestra que, gracias a la dinámica del mercado, siempre se han encontrado soluciones ante la falta de minerales de interés económico.*
		Esta ocasión no es diferente, pese a lo tensionado que se encuentra el mercado de los metales y minerales críticos de la transición energética.[68]
		Se dice que la transición de los combustibles fósiles a las energías renovables puede transformar las relaciones de poder mundiales, no menos que los cambios históricos de la madera al carbón o del carbón al petróleo.

---

[68] Los autores elaboraron un documento donde analizan "La Predicción del comportamiento en el suministro seguro de los metales de interés energético: la actualidad del litio, cobalto y grafito". (Espí & De la Torre Palacios, Predicción del comportamiento en el suministro seguro de los metales de interés energético: la actualidad del litio, cobalto y grafito, 2018).

Oriente Medio

Geográficamente Oriente Medio lo integran el mundo árabe e Israel, desde el golfo pérsico hasta Egipto, al este es importante considerar a Irán, Afganistán y Paquistán; en el oeste el norte de África y el Sahel, y por el norte al Cáucaso y, claro, a Turquía. A lo largo de estas sociedades, se han movido fuerzas mayores y más poderosas que la voluntad de cualquier persona individual y quizás incluso más poderosas que las voluntades de cualquier combinación de individuos. Religiosamente los relatos acerca de Abraham, pueden haber sido concordantes en épocas posteriores, pueden reflejar ideas que estaban ampliamente difundidas en ese tiempo y pueden haber combinado versiones que provenían de diferentes fuentes, pero alguien en el antiguo Medio Oriente creyó primero que la vida de su pueblo era modelada por el llamado de Dios. Las civilizaciones de la mitad del mundo deben sus fundamentos ideológicos primarios a la idea revolucionaria de ese único Dios todopoderoso determinado a intervenir en la historia humana, a juzgar a toda alma humana y a establecer su Reino Perfecto entre todos. (Russell, 2007). Para

Occidente, en general la separación absoluta entre Estado y la religión es un prerrequisito indispensable para lograr un sistema democrático. Pero esa visión no es viable en el contexto de Oriente Medio y el norte de África, donde no es posible excluir la religión de la esfera pública. La división entre los actores políticos religiosos y los laicos en Oriente Medio es una mera ilusión[69]. Pero el secularismo tampoco es necesariamente lo mejor para la región, puesto que la religión puede actuar como una gran fuerza para fomentar la cohesión nacional, proporcionando, por ejemplo, una base común entre los conservadores y los liberales. Eso se debe, en parte, al hecho de que en la fe islámica, la afiliación a la comunidad

---

[69] Desde los primeros siglos de nuestra era, históricamente ya se registraban relaciones del Estado y la Iglesia, por ejemplo al surgimiento del Islam, posterior al cristianismo y al Judaísmo, solo se destacaba que en lugar de pagar impuestos a Bizancio o al Estado persa, lo pagarían a Medina. Judíos, cristianos y zoroastristas pudieron igual mantener su autonomía religiosa y administrativa durante los primeros años de la expansión del islam. Sus jefes eran investidos de autoridad por el califa. Además, con la desaparición de la dependencia bizantina o persa, la jerarquía religiosa cristiana de los nuevos pueblos conquistados por el islam acumulaba un poder político y espiritual del que no gozaban anteriormente. (Bat, 2007).

trasciende cualquier vínculo al Estado-nación. La prosperidad y una fuerte religiosidad no son incompatibles, y ninguna religión o creencia es más favorable a una transición pacífica a la democracia que otra. Una verdadera democratización no siempre implica el triunfo del secularismo. De igual modo, las teorías que consideran que el Islam es, por naturaleza, incompatible con el progreso, el pluralismo y la democracia están equivocados. Los partidos políticos que basan sus programas en consideraciones religiosas no se oponen a la riqueza, la prosperidad, el libre mercado o el liberalismo. (Barah, 2012).
El remarcado tema de la religión y su relación con el Estado realmente fue trastocado durante el presente siglo por los constantes conflictos políticos en el mundo musulmán, que se consideran con orígenes de carácter doctrinario o hasta fundamentalista. Por ejemplo las relaciones diplomáticas entre Arabia Saudí e Irán se rompieron en enero de 2016 cuando los saudíes ejecutaron al clérigo chií Nimr Baqer Al Nimr y a otros 46 reos acusados de terrorismo. La reacción iraní no se hizo esperar y miles de ciudadanos salieron a la calle para protestar y asaltar la embajada saudí en Teherán. (EFE, 2016). Con esto, de

forma directa los diferentes analistas redujeron el conflicto de los países, a un conflicto meramente sectario; olvidando los factores que pudieron influir, como parte de las políticas mismas de los Estados. (Garrido Guijarro, 2022). Un ejercicio serio de esto podría revelar, que las narrativas sectarias pueden esconder otras razones, que pueden ir desde la competición ideológica y la supervivencia de los regímenes, hasta el equilibrio regional. (Soage, 2017). Claro sin olvidar el claro interés por liderar la región y con ella el mundo musulmán, nada despreciable hasta para los vestigios del Imperio Otomano "Turquía", considerado a sí mismo como puente entre Oriente y Occidente, por su particular situación geográfica que le obliga a mantener una postura equilibrada. Finalmente Rachel Scott nos esclarece un poco más sobre la relación y el estado que guarda el Islam y la política de los gobiernos. (Scott, 2010):

"El islamismo incluye un amplio espectro de pensadores que tienen opiniones diferentes sobre qué sistema político debe imperar, incluido si ese sistema debería ser democrático, y si es así, de qué manera. Entre los países que se autoproclaman islámicos los

sistemas varían: algunos conviven con ciertas formas de constitucionalismo, algunos declaran que el islam es la religión oficial, algunos definen que la sharía es 'una' fuente de la legislación nacional, otros que es 'la' fuente, otros simplemente defienden que la legislación no debe contradecir los principios del islam".(Pág.41).

Podemos concluir que la religión y el Estado continuará transitando de manera natural por Medio Oriente y las configuraciones políticas, económicas o de poder estarán presentes como parte de las narrativas religiosas.

Desde inicios del siglo XXI, la política exterior rusa se ha visto definida más por tres grandes condicionantes: primero la necesidad de reaccionar a procesos transnacionales dinámicos y acontecimientos de importancia global, como la ola de "revoluciones árabes" de 2011-2012. El segundo se relaciona con la política exterior rusa como nación, Estado y sociedad. El tercero definido por la existencia de impulsos dictados por la visión del mundo, los antecedentes profesionales en los servicios de seguridad soviéticos y los intereses *"corporativos" de la élite política dirigente de Rusia. **Estos tres contribuyen a la política exterior de rusia, dependiendo del asunto o crisis concreta y del impacto de otros factores, dichos condicionantes se pueden reforzar o contrarrestar unos a otros**. (Stepanova, 2012). **Durante el año 2000, se pudo percibir como "legado soviético" de Rusia en Oriente Medio su rápido declive, por la pérdida de presencia en toda la región. Durante algunas décadas el papel de Rusia en Oriente Medio fue limitado a simples relaciones con Irán, Irak y Siria. A medida que desapareció la era soviética, fueron disminuyendo sus debilidades y apareciendo nuevos factores económicos que le permitieron ganar influencia en Oriente Medio, desarrollando nuevos intereses en la región, que incluyeron armamentos, petróleo, gas, tecnologías de la información, comunicaciones, energía y hasta comercio de diamantes con Israel[70]. Los intereses rusos en el país árabe sirio van desde el área militar, por contar con la única base militar del mediterráneo en Tartús y su base aérea en la***

---

[70] La invasión de Irak tuvo consecuencias devastadoras por la presencia norteamericana en la región, amplio el papel de Irán y de Rusia, trastocando a Turquía y sus aspiraciones neotomanas que la limitaron a solo consolidar un poder kurdo autónomo en las fronteras con Siria. (Piqué Camps, 2018).

provincia de Latakia. Hasta el área económica Siria, donde es un excelente cliente de armas para Rusia. E igual en el área Política Siria representa para Rusia la oportunidad de incrementar su influencia geopolítica en Oriente Medio, logrando un contrapeso para la influencia de Occidente en esta región. (Requena del Río, 2018). Su interrelación data desde el pasado, sin embargo en las últimas décadas Rusia ha proporcionado a los sirios apoyo político en las Naciones Unidas, ha ayudado con bombardeos aéreos contra sus Fuerzas Rebeldes, ha intervenido militarmente, esto claro, a petición del mismo Gobierno de Siria, y hasta ha llegado a afirmar que su motivación es combatir el terrorismo. El último ejercicio trascendental ruso fue realizado en el área diplomática, durante octubre del 2015 con las conversaciones en Viena en las que participaron representantes de Estados Unidos, la Unión Europea, China y diversos actores regionales como Arabia Saudí, Egipto, Turquía y, por primera vez, Irán. Posterior a esta reunión, Rusia busco tener un papel relevante para el tiempo del posconflicto en 2017 en el mar Negro, que busco consolidar el poder del presidente sirio Al-Asad, para esto, invitó a 33 facciones sirias de diferentes grupos políticos tribales, y un escenario con representantes de Irán y Turquía, para discutir una nueva constitución para la reconciliación nacional.

Las contracciones entre Siria y Rusia

Siria siempre ha sido una zona de influencia de enorme importancia para Moscú por ser la puerta de salida hacia el Mediterráneo y puerta de entrada hacia el Medio Oriente. En la Guerra Fría, Siria era un socio crucial para contener a Washington y a su aliado Israel. Moscú ha sido desde hace años el principal proveedor de armas de los Assad. A lo largo de la guerra civil que inició en 2011, el Kremlin ha estado detrás del presidente sirio tanto en lo diplomático como en lo militar, y ha sido crucial para su supervivencia. Rusia ha tenido que intervenir de manera directa para rescatar a Assad en sus momentos de mayor debilidad. Sin la intervención militar rusa en Siria las cosas no habrían empezado a moverse y a dibujar en el horizonte una cierta esperanza de pacificación. Aun cuando Rusia no ha actuado por motivos humanitarios sino en defensa de sus intereses de potencia o por motivos de seguridad, o intentando desactivar el Estado Islámico y, esta finalmente se convirtió en una prioridad para los rusos. En su momento parte de los europeos y norteamericanos[71] que participaban en la política internacional, percibieron la conveniencia de la salida de Al-Assad, hasta cambiar de parecer ante el auge del Estado Islámico. Concluyendo que podría ser contraproducente si llevaban al caos a Siria, pues las lecciones de Irak y Libia estaban muy claras: no se podía destruir un régimen, un Estado, sin crear antes o a la vez otro. (Ortega, 2015).

En 2014, ocurre en Ucrania el movimiento social del Maidán y el derrocamiento del presidente prorruso Yanukovich; Putin estuvo completamente dispuesto a exhibir su resolución y capacidad para resguardar los territorios que consideraba como sus órbitas de influencia o seguridad y justo cuando Rusia anexa la península de Crimea e impulsa la rebelión separatista del este ucraniano, es cuando Rusia decide ya no solo apoyar a

---

[71] Por ejemplo, en la guerra del golfo de 1991, el tanque Abrams fue superior a los carros de combate iraquíes no solo por su superior cañón, munición de uranio empobrecido y blindaje Chobham, sino a la electrónica que desplegaba el tanque americano, que permitía detectar a muy larga distancia con infrarrojos la presencia de los tanques iraquíes, batirlos a 3.000 metros con soluciones de tiro informatizadas y a tener la capacidad de disparar en movimiento al tener el cañón esta

Assad en Siria mediante armamento, entrenamiento y financiamiento, sino mediante una intervención militar directa, cuyo despliegue en esos momentos, sorprende al mundo entero no tanto por su dimensión, sino por la forma como se publicita y se comunica esa intervención. Mediante su intervención en Siria, Moscú mostraba que estaba dispuesta a respaldar a sus aliados con toda la fuerza directa que hiciera falta. Cuando Trump llega al poder y retira el apoyo a sus aliados kurdos ante su conflictiva con Turquía, reduciendo su presencia militar en Siria al mínimo, Rusia se mantiene firme a lado de su aliado Assad. Rusia ha buscado demostrar que esta dispuesta a garantizar sus intereses, a pesar de las sanciones diplomáticas y económicas, a pesar de contrariar los intereses de Washington y sus aliados. (Meschoulam, 2022).

Asia Central

Durante 2022 que reaparecen los conflictos entre Armenia y Azerbaiyán[72], además de los presentados en las fronteras de Kirguistán y Tayikistán, se perciben como efectos de la inestabilidad regional, simulando un ambiente post soviético; que de ninguna manera seria favorable, en un sentido de ampliación del conflicto. Esos conflictos son anteriores a la guerra de Ucrania, datan de los años 80 en que la Unión Soviética actuaba como mediador, dotando a la nueva Rusia de una figura estabilizadora, que sin duda en octubre del 2022 no estaba funcionando. El imperio desaparecio, pero no la mentalidad imperial rusa, que definía a estos nuevos países como parte de su espacio. Tres décadas después de la desintegración de la URSS, el Estado de

---

bilizado. (Pulido G. , 2022).

cancillerías europeas, cuando al menos 150 personas murieron en la frontera entre Azerbaiyán y Armenia, dos países enfrentados del Cáucaso y apoyados por Turquía y Rusia, respectivamente. Del mismo modo se presentó un choque entre Kirguistán y Tayikistán, estos países de Asia Central forman parte junto a Rusia, China, Kazajistán y Uzbekistán de la Organización de Cooperación de Shanghái, que representan un frente anti-OTAN. A la par Georgia abrió otro frente para Rusia atacando la disputada región independentista protegida por Rusia de Osetia del Sur. (Saavedra & García, 2022).

Derecho, el gobierno transparente, la competitividad política real y las instituciones democráticas son muy frágiles en estos países. (Milosevich-Juaristi M. , La guerra en Ucrania y los conflictos recientes en el espacio post soviético, 2022). Varios analistas coinciden en que esta reacción se empata con la retirada de Rusia de la región ucraniana de Kharkiv. Desde ese punto de vista, Rusia estaba empantanada por sus pérdidas en el campo de batalla, dando así una oportunidad a la agresión de Azerbaiyán, y favoreciendo, al centrarse en la guerra contra Ucrania, una mayor inestabilidad en Asia Central. (Glantz, 2022). Sin duda una más de las preocupación suplementaria para el Kremlin proviene tanto de la resistencia de una parte de la población rusa frente a la movilización forzosa como del comportamiento de algunas de estas antiguas repúblicas soviéticas, que, al percibir la debilidad de la Federación Rusa, empiezan a desafiar su dictado. (Pardo De Santayana, 2022). En todas las repúblicas ex soviéticas, Rusia siempre ha intentado mantener sus inversiones económicas, porque el Kremlin es consciente de que, para garantizar su presencia en la región, no es suficiente pretender ser el proveedor de seguridad, teniendo en cuenta el contexto de su rivalidad con otras potencias. En 2020 Rusia ha invertido 4.878 millones de dólares, mientras la UE-27 ha invertido 77.647 millones de dólares. China es el segundo mayor inversor en la región. La creencia de que Rusia es el proveedor de la seguridad y defensa y China de las inversiones económicas sobre todo en Asia Central, es falsa.

Veamos el siguiente recuadro integrado con información del Fondo Monetario Internacional y publicado por (Milosevich-Juaristi M., La guerra en Ucrania y los conflictos recientes en el espacio post soviético, 2022), que muestra la posición inversora directa de Rusia, China, Turquía, Irán, Estados Unidos y la Unión Europea en el antiguo espacio soviético:

Inversiones realizadas en Armenia		
Año	*País*	*Inversión*
	Rusia	*1.595*
	China	*3*

2016	Turquía	0
	Irán	70
	Estados Unidos	262
	UE-27	1.052
2017	Rusia	1.374
	China	3
	Turquía	0
	Irán	71
	Estados Unidos	250
	UE-27	1.110

Inversiones realizadas en Armenia		
Año	**País**	**Inversión**
2018	Rusia	1.735
	China	3
	Turquía	0
	Irán	75
	Estados Unidos	227
	UE-27	1.186
	Rusia	1.978
	China	3

2019	Turquía	0
	Irán	80
	Estados Unidos	218
	UE-27	1.400

Inversiones realizadas en Armenia		
Año	País	Inversión
	Rusia	1.553
	China	3
2020	Turquía	0

	Irán	78
	Estados Unidos	207
	UE-27	1.262
Total en cinco años continuos	Rusia	8.235
	China	15
	Turquía	0
	Irán	374
	Estados Unidos	1,164
	UE-27	6.01

Inversiones realizadas en Azerbaiyán		
Año	**País**	**Inversión**
2016	Rusia	621
	China	189
	Turquía	5.179
	Irán	2.263
	Estados Unidos	606
	UE-27	5.366
	Rusia	800
	China	176

2017	Turquía	5.797
	Irán	2.523
	Estados Unidos	679
	UE-27	5.786

Inversiones realizadas en Azerbaiyán		
Año	País	Inversión
	Rusia	953
	China	177
2018	Turquía	5.925
	Irán	2.581

	Estados Unidos	669
	UE-27	5.725
	Rusia	977
	China	187
2019	Turquía	6.05
	Irán	2.552
	Estados Unidos	465
	UE-27	6.011

Inversiones realizadas en Azerbaiyán		
Año	**País**	**Inversión**
2020	Rusia	1.318
	China	195
	Turquía	5.788
	Irán	2.588
	Estados Unidos	515
	UE-27	6.181
	Rusia	3,352.318
	China	924

Total en cinco años continuos	Turquía	28.739
	Irán	12.507
	Estados Unidos	2,934
	UE-27	29.069

Inversiones realizadas en Georgia		
Año	País	Inversión
	Rusia	242
	China	602
	Turquía	883

2016		
	Irán	*16*
	Estados Unidos	*355*
	UE-27	*4.735*
2017	*Rusia*	*300*
	China	*623*
	Turquía	*1.142*
	Irán	*22*
	Estados Unidos	*431*
	UE-27	*5.250*

Inversiones realizadas en Georgia		
Año	País	Inversión
2018	Rusia	347
	China	689
	Turquía	1.094
	Irán	29
	Estados Unidos	516
	UE-27	5.505
	Rusia	390
	China	717

2019	Turquía	1.211
	Irán	30
	Estados Unidos	606
	UE-27	5.994

Inversiones realizadas en Georgia		
Año	País	Inversión
	Rusia	400
	China	660
2020	Turquía	1.208
	Irán	28

	Estados Unidos	648
	UE-27	5.757
Total en cinco años continuos	Rusia	1,679
	China	3,291
	Turquía	887.655
	Irán	125
	Estados Unidos	2,556
	UE-27	27.241

Inversiones realizadas en Kazajistán		
Año	**País**	**Inversión**
2016	Rusia	4.234
	China	9.715
	Turquía	524
	Irán	15
	Estados Unidos	24.051
	UE-27	80.682
	Rusia	4.357
	China	9.397
	Turquía	578

2017		
	Irán	*12*
	Estados Unidos	*27.161*
	UE-27	*81.144*

Inversiones realizadas en Kazajistán		
Año	*País*	*Inversión*
	Rusia	*4.663*
	China	*8.269*
2018	*Turquía*	*640*
	Irán	*11*

	Estados Unidos	*31.229*
	UE-27	*80.954*
2019	*Rusia*	*4.910*
	China	*7.649*
	Turquía	*761*
	Irán	*14*
	Estados Unidos	*36.510*
	UE-27	*77.400*

Inversiones realizadas en Kazajistán		
Año	**País**	**Inversión**
2020	Rusia	4.878
	China	5.943
	Turquía	856
	Irán	22
	Estados Unidos	37.901
	UE-27	77645
	Rusia	23,042

Total en cinco años continuos	China	40.973
	Turquía	3,359
	Irán	74
	Estados Unidos	156.852
	UE-27	397.825

Inversiones realizadas en Kirguizistán		
Año	País	Inversión
	Rusia	101
	China	1.299
2016	Turquía	172
	Irán	6

	Estados Unidos	96
	UE-27	237
2017	Rusia	1.086
	China	1.394
	Turquía	180
	Irán	6
	Estados Unidos	101
	UE-27	332

Inversiones realizadas en Kirguizistán		
Año	País	Inversión
2018	Rusia	1.064
	China	1.345
	Turquía	160
	Irán	6
	Estados Unidos	90
	UE-27	384
	Rusia	1.073
	China	1.521
	Turquía	196

2019		
	Irán	*6*
	Estados Unidos	*97*
	UE-27	*417*

Inversiones realizadas en Kirguizistán		
Año	*País*	*Inversión*
	Rusia	*968*
	China	*1.037*
2020	*Turquía*	*228*
	Irán	*6*

	Estados Unidos	88
	UE-27	426
Total en cinco años continuos	*Rusia*	*1,072.223*
	China	*6.596*
	Turquía	*936*
	Irán	*30*
	Estados Unidos	*472*
	UE-27	*1,796*

Inversiones realizadas en Moldavia		
Año	**País**	**Inversión**
2016	Rusia	716
	China	1
	Turquía	27
	Irán	0
	Estados Unidos	41
	UE-27	1.583
	Rusia	791
	China	1
	Turquía	42

2017	Irán	0
	Estados Unidos	68
	UE-27	2.125

Inversiones realizadas en Moldavia		
Año	País	Inversión
	Rusia	839
	China	1
2018	Turquía	48
	Irán	0
	Estados Unidos	70

	UE-27	2.319
	Rusia	869
	China	3
	Turquía	58
2019	Irán	0
	Estados Unidos	92
	UE-27	2.840

Inversiones realizadas en Moldavia		
Año	País	Inversión
	Rusia	823

2020	*China*	*2*
	Turquía	*13*
	Irán	*0*
	Estados Unidos	*66*
	UE-27	*2.800*
Total en cinco años continuos	*Rusia*	*4,038*
	China	*8*
	Turquía	*188*
	Irán	*0*
	Estados Unidos	*337*
	UE-27	*11.667*

Inversiones realizadas en Tayikistán		
Año	**País**	**Inversión**
2016	Rusia	367
	China	1.151
	Turquía	50
	Irán	115
	Estados Unidos	73
	UE-27	221
	Rusia	397
	China	1.264

2017	Turquía	53
	Irán	125
	Estados Unidos	75
	UE-27	135

Inversiones realizadas en Tayikistán		
Año	País	Inversión
2018	Rusia	340
	China	1.437
	Turquía	55
	Irán	124

	Estados Unidos	74
	UE-27	147
2019	Rusia	426
	China	1.460
	Turquía	68
	Irán	123
	Estados Unidos	74
	UE-27	118

Inversiones realizadas en Tayikistán		
Año	*País*	*Inversión*
2020	*Rusia*	*391*
	China	*1.468*
	Turquía	*66*
	Irán	*120*
	Estados Unidos	*74*
	UE-27	*135*
Total en cinco	*Rusia*	*1,921*
	China	*6.78*
	Turquía	*292*

años continuos	Irán	607
	Estados Unidos	370
	UE-27	756

Inversiones realizadas en Turmenistán		
Año	País	Inversión
	Rusia	0
	China	0
2016	Turquía	549
	Irán	0

	Estados Unidos	0
	UE-27	48
2017	Rusia	0
	China	0
	Turquía	497
	Irán	0
	Estados Unidos	0
	UE-27	60

Inversiones realizadas en Turmenistán		
Año	País	Inversión
	Rusia	0

2018	*China*	*190*
	Turquía	*81*
	Irán	*0*
	Estados Unidos	*0*
	UE-27	*275*
2019	*Rusia*	*0*
	China	*168*
	Turquía	*812*
	Irán	*0*
	Estados Unidos	*0*
	UE-27	*391*

Inversiones realizadas en Turmenistán		
Año	*País*	*Inversión*
2020	Rusia	0
	China	336
	Turquía	433
	Irán	0
	Estados Unidos	0
	UE-27	477
	Rusia	0
	China	694

Total en cinco años continuos	Turquía	2,372
	Irán	0
	Estados Unidos	0
	UE-27	1,251

Inversiones realizadas en Uzbekistán		
Año	País	Inversión
	Rusia	231
	China	0
2016	Turquía	102

	Irán	*0*
	Estados Unidos	*76*
	UE-27	*2.205*
2017	*Rusia*	*130*
	China	*0*
	Turquía	*100*
	Irán	*0*
	Estados Unidos	*69*
	UE-27	*432*

Inversiones realizadas en Uzbekistán		
Año	**País**	**Inversión**
2018	**Rusia**	**63**
	China	**845**
	Turquía	**81**
	Irán	**0**
	Estados Unidos	**71**
	UE-27	**299**
	Rusia	**127**
	China	**1.010**
	Turquía	**184**

2019	Irán	0
	Estados Unidos	82
	UE-27	383

Inversiones realizadas en Uzbekistán		
Año	País	Inversión
2020	Rusia	177
	China	3.265
	Turquía	192
	Irán	0
	Estados Unidos	90

	UE-27	277
	Rusia	*728*
	China	*849.275*
Total en cinco años continuos	*Turquía*	*659*
	Irán	*0*
	Estados Unidos	*388*
	UE-27	*1,393.205*

Fuente: Coordinated Direct Investment Survey del Fondo Monetario Internacional. La UE es el mayor inversor en la región, lo que refleja la decisión europea de competir geopolíticamente con otros actores de la región. Las dinámicas políticas y geopolíticas

del espacio post soviético reflejan que Rusia está perdiendo su influencia y credibilidad, y que, a pesar de liderar el CSTO, (las siglas en inglés de Organización del Tratado de Seguridad Colectiva) no es el único actor que se postula como proveedor de estabilidad en la región. (Milosevich-Juaristi M. , La guerra en Ucrania y los conflictos recientes en el espacio post soviético, 2022).

Unión Europea

Europa sigue siendo el gran mercado de destino para los países con una gran capacidad de producción, la capacidad de consumo de la UE es una de las principales fortalezas y una de las que la mantienen como un elemento de peso en el escenario geopolítico. La UE es la agregación de varios actores relevantes, como Reino Unido, Alemania y Francia, cuyos intereses no siempre confluyen, lo que hace de Europa un jugador complejo. (Leon Aguinaga & Rosell Martínez, 2015).

Rusia y la Unión Europea representan las dos principales potencias económicas y políticas en el continente europeo; la primera considerada "emergente", la segunda con una tendencia al declive. Son dos vecinos cuyas relaciones no siempre han sido cordiales y constructivas, pero que no pueden ignorar por más tiempo que se necesitan mutuamente. Las relaciones entre la UE y Rusia no pueden calificarse más que de complicadas y problemáticas, si bien han pasado por distintas fases desde la disolución del bloque soviético hasta la actualidad. (Guinea &

Rodríguez, 2012). El año 2000 se distingue a esta prolongada relación, como el inicio de un programa Ruso por consolidar el poder de Putin, que percibía a la Unión Europea como una amenaza por el ambiente de competencia, al ingresar Estados de Europa Central[73] y Oriental, hostiles hacia Rusia, complicando ante los ojos rusos, las relaciones de cooperación. Desde el primer periodo Putin retomo su cuerpo la imagen de una Rusia cada vez más partidaria, privativa y con un poder más duro en las prácticas diplomáticas internacionales y más revisionista en asuntos continentales para con Bruselas, del tipo de las nuevas políticas de vecindad; con una actitud donde el único responsable de los

---

[73] La política de vecindad es diseñada por la UE con motivo de la adhesión de los países bálticos, Eslovenia, Polonia, Hungría, República Checa y Eslovaquia, quedando pendientes las de Bulgaria y Rumania, con el fin de frenar las ambiciones de integración de otros países europeos pero canalizando una relación de especial proximidad. La filosofía queda claramente reflejada en la famosa frase del entonces presidente de la Comisión Europea, Romano Prodi, «todo menos las instituciones. (Fernández Sola, Las relaciones de la Unión Europea y Rusia desde la perspectiva rusa: Cuadernos de Estrategia 178 Rusia bajo el liderazgo de Putin. La nueva estrategia rusa a la búsqueda de su liderazgo regional y el reforzamiento como actor global, 2015).

fracasos es el otro, dada la naturaleza política rusa de su pasado dominador de pueblos y espacios. (Fuller, 1998). Lo cierto es que las relaciones entre la UE y la Federación de Rusia están saturadas de altibajos en su historia más reciente, pasando por periodos esperanzadores en el concierto global de intereses y estabilidad continental.

Hasta las reformas de Mijaíl Gorbachov y la construcción de su "Nuevo pensamiento político", la percepción en Moscú de las instituciones europeas tuvo un carácter instrumental e ideológico. (Cuenca Toribio, 1997) Percibida además como el brazo económico de la OTAN. Fue hasta la apertura de Gorbachov que nació el interés por colaborar y desarrollar la llamada "Casa común europea", promoviendo de los derechos humanos y de los valores universales, tan apremiados por Bruselas de manera repetida. Es entonces que Rusia reconoció que la UE era un sujeto a parte entera del derecho internacional. Durante el primer mandato de Putin se manifiestan las diferencias políticas con Unión Europea, representadas en Rusia con un tono expansivo y de desafío a sus intereses históricos y geopolíticos. Su resultado inicial fueron diversos litigios como el veto ruso a la carne polaca, la rigidez política hacia los estados bálticos, el conflicto de Georgia en el verano de 2008 y el subsiguiente incumplimiento del acuerdo de paz. (Guinea & Rodríguez, 2012). El 2010, puede ser considerado como el mejor momento de relación dado su clima de mayor entendimiento,[74] generado por la toma de conciencia de la necesidad mutua de cooperación en suministros energéticos de procedencia rusa, y la apertura de la economía de la Unión Europea como un ejercicio de globalización. Sin duda los intereses económicos han sido los principales impulsores del incremento de la cooperación, aun cuando los diferentes valores y visiones del mundo han obstaculizado una cooperación política duradera.

.[74] Ya en los 90's se había logrado la cooperación estratégica entre la UE y Rusia, basada en la consecución de ciertos objetivos comunes dentro de un marco institucional, el cual se veía reforzada por el diálogo y el contacto bilateral entre las partes, siendo de interés las reuniones anuales de jefes de Estado o Gobierno en donde se discutían las nuevas prioridades; o el Consejo de Cooperación a nivel ministerial, que posteriormente pasó a denominarse Consejo Permanente de la Asociación. (Hillion, Blockmans, & Lazowski, 2006).

La relación de UE con Rusia fue diseñada sobre intereses compartidos y sobre valores considerados pretendidamente de aspiración común. Pero el balance de sus resultados prácticos fue limitado, primando las consecuencias económicas del asunto en razón de la importante integración comercial complementaria entre las partes; también a ciertos avances en materias de justicia y de asuntos interiores. Las críticas más recurrentes se refieren precisamente a la deserción de avances en asuntos más estratégicos, los menos tecnocráticos, econométricos y administrativos. (López Mora, 2015). Las bases que cimentan esta relación, también pueden ser referenciadas con viejas bases históricas[75] *y acuerdos como*

---

[75] A diferencia de los eslavófilos, que nunca afirmaron que Europa fuera ajena por completo a Rusia, y siempre defendieron la unidad con los demás pueblos eslavos, los eurasianistas postulan precisamente eso. En sus escritos se puede apreciar siempre un rechazo hacia Europa y una atracción sentimental por Asia. Los eurasianistas muestran siempre entusiasmo cuando hablan de parentesco, incluso espiritual, con Asia, y tanto los factores rusos como ortodoxos quedan ahogados por este sentimiento. En la realidad soviética, debajo del velo del internacionalismo, los eurasianistas veían una «identidad étnica espontánea y un rostro semiasiático de Rusia-

el de 1994, descrito de manera general por Natividad Fernández Sola. (Fernández Sola, Las relaciones de la Unión Europea y Rusia desde la perspectiva rusa: Cuadernos de Estrategia 178 Rusia bajo el liderazgo de Putin. La nueva estrategia rusa a la búsqueda de su liderazgo regional y el reforzamiento como actor global, 2015):

> *"El principal instrumento regulador de las relaciones bilaterales entre la Federación Rusa y la Unión Europea es el acuerdo de Asociación y Cooperación (PCA), firmado el 24 de junio de 1994. Dicho acuerdo prevé el desarrollo de relaciones avanzadas en política, economía, comercio, justicia, asuntos de interior y humanitarios. A la concreción de los compromisos asumidos en este texto sirvió la adopción, tras la cumbre de San Petersburgo de 2003, del marco estratégico para la creación de los espacios comunes en cuatro sectores políticos (económico, libertad, seguridad y justicia, seguridad exterior e investigación y educación) y la aplicación de las hojas de ruta para la formación de esos cuatro espacios,*

Eurasia»; descubrieron una Rusia no eslava o eslavo-varega, sino una verdadera Rusia-Eurasia ruso-turana, heredera del gran legado de Genghis Khan. En ese sentido, los constructos eura- sianistas contrastan claramente con las ideas del llamado Mundo Ruso (naturalmente, si el término «ruso» no se aplica a los pueblos turanos de la estepa) y desde luego con la de «unidad eslava». (Lukin V. , 2015).

314| *Fundamentos de Hegemonía Política
Internacional 2022*

*decidida en la cumbre de Moscú de 2005,
como clave para el reforzamiento de la
cooperación entre ambas partes. Ese mismo
año, en la cumbre de Londres se ponía de
relieve la necesidad de renovar el marco
jurídico contractual existente, por su escaso
nivel de ambición y para mostrar la
profundidad de la cooperación entre
ambos".(Pág.105).*

**Según Sergei Karaganov, el resultado de la
aplicación del PCA fue calificado de
insatisfactorio tanto por la UE como por
Rusia, aunque las partes trazaron los objetivos
de cooperación en los citados cuatro espacios
comunes, los resultados no estuvieron a la
altura de las expectativas. En 2008 se tomó la
decisión política de trabajar para un nuevo
documento en el que enmarcar sus relaciones
bilaterales con vistas a crear mecanismos
efectivos para la realización práctica de la
cooperación estratégica, negociaciones que
tuvieron su continuidad una vez que se
levantó el veto impuesto por Polonia y
Estonia, sometidos a la presión de la
Comisión y de los antiguos miembros de la
UE. Desde entonces, la comisión Europea ha
negociado con Rusia en el seno de treinta
grupos de trabajo sobre el nuevo acuerdo,**

aunque este no sea un tema de dominio público y no se conozcan en detalle los contenidos de las conversaciones, ni de las iniciativas que algunos Estados miembros desean sacar adelante en las misma. (Karaganov, Olechowski, & Teltschik, 2011).

En 2009 iniciado el mandato del presidente Obama, se imprime una dosis considerable de confianza a las relaciones políticas, económicas y de todo orden, muy criticada por la oposición republicana que veía en ella concesiones unilaterales de Estados Unidos, esta política de reset permitió la firma de la nueva entrega del tratado START, la continuidad de conversaciones sobre reducción de armas nucleares, o las conversaciones sobre derechos humanos. (Wolking, 2015). La reorientación de las relaciones de Rusia con los Estados Unidos a partir de 2009 puede concretarse en tres puntos: los acuerdos de reducción de armamento estratégico, la polémica por la instalación del escudo antimisiles y la cooperación diplomática para dar una salida al conflicto en Siria durante el momento más crítico del mismo. La siguiente oportunidad para retomar estas relaciones entre Estados Unidos y Rusia, esta vez en beneficio de la comunidad internacional, vino de la mano de

la posible eliminación de las armas químicas
de Siria. (Bonet, 2013). La política del reset o
reajuste se dio por terminada cuando el
presidente Obama decidió cancelar su cumbre
bilateral con el presidente Putin que había de
tener lugar en los márgenes del G-20 a
celebrar en septiembre de 2013 en Rusia; un
año después de otorgar la UE y Estados
Unidos su apoyo en el OMC[76] *a los rusos.*

La radiografía de la UE en el marco del
conflicto de Ucrania con Rusia durante el
2022, fue percibida con muy buenos ojos
dados los avances logrados con la pandemia y

---

[76] La entrada de la Federación Rusa en la Organización
Mundial del Comercio (OMC), el 22 de agosto de 2012,
fue una de las metas perseguidas conjuntamente con la
UE. Rusia vio en ello un instrumento de participación en
organismos multilaterales que, en este caso, eliminaría
barreras a su interacción en el campo económico y
activaría la competencia y, en consecuencia, la
modernización del tejido industrial nacional. de forma
bilateral, tanto Estados Unidos como la Unión Europea
habían eliminado todos los obstáculos para esta
adhesión. (Fernández Sola, Las relaciones de la Unión
Europea y Rusia desde la perspectiva rusa: Cuadernos de
Estrategia 178 Rusia bajo el liderazgo de Putin. La nueva
estrategia rusa a la búsqueda de su liderazgo regional y el
reforzamiento como actor global, 2015).

sus consecuencias económicas, que le otorgaron la oportunidad de un incremento en la integración y coordinación europea. Fueron coordinadas las sanciones[77], así como la entrega de armas a Ucrania con fondos comunes, dándose pasos hacia una Europa militar, al menos para la gestión de la crisis, y los compromisos de aumentar sus gastos en defensa, además de impulsar una buena gestión para atender la cuestión de los refugiados ucranianos. La que gano centralidad y peso fue la OTAN, sumándole la mayor dependencia en las importaciones de gas natural licuado de Estados Unidos y la compra de armamento estadounidense, además del peso ganado en esos años por las Big Techs estadounidenses, y el menor efecto económico de la guerra en Estados Unidos que en la UE; con esto una Europa más dependiente, que corre el riesgo de convertirse en socio menor de Estados Unidos en una

---

[77] Las discrepancias sobre el grado de presión a Rusia, el alcance de las ayudas para paliar la crisis energética o la naturaleza de la relación con China griparon el motor franco-alemán. Mientras Alemania trataba de digerir la nueva situación estratégica, en Francia creían que Berlín actúa más que nunca por su cuenta, todo esto, en el marco del ambiente de la UE. (IS-1298, 2022).

nueva Guerra Fría contra China[78] y Rusia, en vez de polo autónomo en un mundo multipolar. (Ortega, Más Europa, más dependiente de EEUU , 2022). De esta pequeña radiografía puede emanar una prospectiva de posibles escenarios para la UE que le pueden trastocar esa realidad que conservo durante 2022. Andrés Ortega realizo un planteamiento al respecto, donde es posible se busque una reforma de la UE, convocando una nueva Convención Europea con estos fines, buscando reformar los tratados. Aquí algunos escenarios prospectivos como consecuencia de esa guerra (Ortega, Prospectiva: Ucrania y Europa, 2022):

> *"Refundación para más Europa y más independiente. Una cuestión es quién va a*

---

[78] El documento "UE-China. Una perspectiva estratégica" de 2019 calificaba en diferentes pasajes a Pekín de socio, competidor económico y rival sistémico. En 2021, por sexto año consecutivo, China fue el mayor socio comercial de Alemania. Volkswagen vende el 40% de sus automóviles en el mercado chino. China supone el 13% de los ingresos de Siemens y el 15% de los de BASF, que en julio del 2022 anunciaba que construia una planta de 10.000 millones de dólares en Zhanjiang y reducía su presencia en Europa por los altos costes de la energía. (Manrique L. E., 2022).

tomar el liderazgo para ello. Macron podría, mientras Alemania con Schulz lo está perdiendo por su tibieza frente a Rusia en la crisis de Ucrania. Esta refundación ha de contemplar una nueva arquitectura de seguridad no sólo para Europa Occidental, sino para el conjunto del continente. Más Europa dependiente de EEUU. Aunque esto también dependerá de lo que ocurra en EEUU en las elecciones a medio mandato de noviembre próximo y las presidenciales en 2024. La credibilidad de EEUU en Europa está en juego".(Pág.7).

Se planteaba una ampliación parcial de la UE a Ucrania y a otros países. Tal ampliación tendría consecuencias en cuanto a la seguridad, pues el artículo 42.7 del Tratado de la UE establece que si un Estado miembro es víctima de agresión armada en su territorio el resto de Estados tienen la obligación de ayudar y asistir[79] a través de todos los medios a su alcance.

---

[79] El mejor ejemplo de asistencia nos lo presenta Piotr Arak en su análisis de la crisis de refugiados ucranianos en Polonia: Desde el comienzo de la agresión rusa, más de 7,4 millones de refugiados procedentes de Ucrania cruzaron la frontera polaco-ucraniana, Incluyendo la anterior ola de emigración desde Ucrania, que comenzó

La Unión Europea y Rusia en el marco de la relación energética.

Durante el siglo XXI la UE se encaminaba hacia el experimento del Euro, más confiada que nunca en que el vecino ruso ya no podía ser una amenaza, sino solo convertirse en uno de los grandes socios económicos del mercado común. En junio de 1999, el Consejo Europeo fijó una estrategia común sobre Rusia, apoyarlos traería beneficios directos a medio y largo plazo, para ello la UE colaboraría en el establecimiento de políticas de gestión económica transparentes y seguridad jurídica para las inversiones y el comercio. Se establecieron tres áreas de colaboración: medio ambiente, seguridad nuclear y, la que iba a convertirse en protagonista absoluta de los intercambios, la energía. (Blanc, 2008).

---

tras la guerra de Dombás en 2014, hay aproximadamente entre 3 y 3,5 millones de ucranianos viviendo en Polonia. El levantamiento espontáneo de la sociedad polaca supero todas las expectativas. El 70% de los polacos adultos participaron en la ayuda a los refugiados y hasta un 7% ofreció habitaciones o incluso pisos enteros. Esto se tradujo en que varios cientos de miles de familias viven en hogares y no en campamentos, como suele suceder en crisis de este tipo. (Arak, 2022).

En este ultima área de relación energética siempre han existido dos conflictos; primero, la regulación del mercado energético por parte de la UE con repercusiones en Rusia y segundo, la red de gaseoductos y oleoductos que conducen la energía, con ellos, la dependencia energética a una razón de más del 39% de las importaciones de gas y un 33% de las de petróleo de origen ruso – sin olvidar la gran cantidad de consumo de carbón-. Su asociación viene marcada por el mercado de energéticos dado que la UE consume a Rusia, el 80% de su producción petrolera, el 70% del gas y más del 50% de carbón, dotándole a Rusia de una seguridad económica. Esta relación comercial fue clave para impulsar una sincronización de sus sistemas energéticos, que sirvio de estímulo durante las negociaciones de adhesión de Rusia a la OMC, donde la UE eliminó un gran número de problemas en este campo. Esta fue una fase expansiva con una multiplicación de los intercambios comerciales globales, del incremento en la demanda de los hidrocarburos y el alza en el precio del petróleo, permitiendo multiplicar los ingresos del Estado ruso durante las dos primeras presidencias de Vladimir Putin (2000-2008). Los problemas de desabasto del país pasaron a la historia, permitiendo proyectar a Rusia y ser identificada por los inversores internacionales como una de las denominadas potencias emergentes junto con los países de grandes dimensiones y población, y llamados a ser jugadores de primer nivel en el tablero económico y geopolítico mundial. Pero la diplomacia energética rusa estuvo excesivamente contaminada por preceptos geopolíticos, lo que pronto avivó la desconfianza en la Unión Europea. Destacó sobremanera el acercamiento a Alemania, inaugurado seis años más tarde, el gasoducto sumergido más extenso, conectando directamente a Rusia con su principal cliente europeo, salvando así la necesidad de atravesar el territorio polaco, país con el que Moscú mantenía tensas relaciones[80]. Dela misma manera, la cercanía entre Putin y el primer ministro italiano, Silvio Berlusconi, que anunciaron en 2007 un proyecto similar,

---

[80] En su origen, Nord Stream AG, la compañía encargada de operar el gasoducto, tenía como accionista mayoritario al gigante ruso Gazapón (51% de las acciones), mientras que el 41% restante quedó en manos de empresas alemanas). Gerhard Schröder fue su fichaje estrella poco después de que este abandonase la cancillería alemana. (León Aguinaga & Rosell Martínez, 2015).

interpretado como un torpedo dirigido a la línea de flotación del proyecto Nabucco, gasoducto impulsado por la UE y los Estados Unidos, a fin reducir la dependencia europea del gas natural ruso. (Smith, 2010). Aun cuando las relaciones económicas con Rusia eran estrechas, la UE observo con creciente desconfianza el desarrollo de la política exterior de su principal socio energético.

El primer conflicto se puede describir en la parte donde la UE, como cliente regula la plena liberalización de los mercados en su interior imponiendo idénticas condiciones a terceros que comercializan productos energéticos en el mercado comunitario. Esta normativa impone exigencias a las compañías de energía que suministran petróleo o gas al mercado común con la obligación de desagregación de la propiedad. Esto implica separar los servicios de producción y de distribución de la energía, lo que llevado a la práctica significa comprar energía en países terceros pero distribuirla, eventualmente por compañías europeas, en todo caso en libre competencia. El segundo conflicto se presenta en la red de conductos energéticos de Rusia a territorio de la UE, donde Ucrania ha sido protagonista por sus variados conflictos con Rusia que se han visto reflejados con cortes de temporales de suministro eléctrico a esta república, dichos conflictos obligaron a la UE a buscar otras opciones de tránsito, evitando el territorio ucraniano. El primer gaseoducto construido, el North Stream[81] –en 2022 Volodímir Zelenski definía dichos gasoductos como armas geopolíticas– permitio el paso del gas de Rusia a Alemania por el Báltico; el segundo denominado South Stream debería haber permitido evitar Ucrania atravesando el mar Negro hasta Bulgaria, donde se ramificaría hacia el norte de Italia por Austria y hacia el sur de Italia por Grecia, este fue conocido como el proyecto Nabucco, fomentado por la UE para abastecerse desde Kazajistán, sin necesidad de pasar por territorio ruso. El rotundo fracaso ocasionado por diferencias entre los Estados implicados, dio para escribir la historia de uno más de los

---

[81]EN 2022 fue sorteado nuevamente el controvertido gasoducto Nord Stream 2, que llevaría gas ruso directamente a Alemania, sin cruzar territorio ucranio, visibilizando las diferencias entre Kiev y Berlín. El presidente de Ucrania, Volodímir Zelenski, trataba el asunto ante su homólogo alemán, Olaf Scholz, buscando disminuir dicho conflicto, en visita en Kiev antes de viajar a Moscú. (Sahuquillo, Alemania y Ucrania chocan sobre el suministro de gas y la entrada en la OTAN, 2022).

proyectos no realizados, pero que además retornaba el asunto al inicio, proponiendo ahora un nuevo proyecto, el Turkish Stream. El 19 de junio 2015, en el marco del foro económico de San Petersburgo, Grecia y Rusia firman el acuerdo para ampliar el gasoducto. Durante la reunión del 2022 en Samarcanda, los primeros mandatarios ruso y chino mantuvieron una reunión trilateral sobre energía con el líder de Mongolia, Ujnaagiin Jurelsuj, dedicada fundamentalmente a hablar sobre el gaseoducto que Rusia construia para suministrar carburante a China y que pasaría a través de Mongolia, ejercicio que amplio el espectro energético y sus intereses. (Mañueco, 2022).

Tanto la regulación por la UE del mercado energético como la aplicación del reglamento de comercialización de productos químicos se han convertido en los principales contenciosos entre Rusia y la Unión Europea antes de las crisis de Ucrania. El desarrollo de la hoja de ruta de la cooperación energética UE-Rusia hasta 2050 pudo ser un importante paso, si la tensión política de las relaciones hubiera disminuido. La crisis desatada en Ucrania en 2014, puso de manifiesto la insuficiencia de las políticas europeas hacia el

Este del continente, el fallo estratégico ruso de anexarse Crimea y tantos otros elementos contribuyeron al fracaso. Como consecuencia de la anexión de Crimea, la Unión Europea adopta algunas sanciones, se suspendieron las negociaciones para la firma de un nuevo acuerdo bilateral y las conversaciones sobre visados, muy demandadas por la parte rusa. Se adoptaron un conjunto de medidas específicas contra Rusia en áreas que incluyen el acceso al mercado de capitales, la defensa, los bienes de doble uso y las tecnologías sensibles; entra en vigor una prohibición de comercio e inversiones para Crimea; determinados individuos y organismos de Rusia y Ucrania se ven sujetos a prohibiciones de viajar y se congelan sus activos, de la misma forma fue suspendida la firma de operaciones de financiamiento en Rusia por parte del Banco Europeo de Inversiones y del Banco Europeo para la Reconstrucción y el Desarrollo. (Council, 2014). La respuesta de Rusia a estas acciones fueron la prohibición de importar ciertos productos alimenticios de la UE y de varios países no miembros de la Unión. (RT, 2014). Podemos afirmar que en cuanto a la seguridad en las relaciones entre Rusia y la

UE pueden identificarse varias razones; la primera es la situación de debilidad rusa en la que comienzan su relación. Motivando una actitud de superioridad de la UE que se ve con recelo y lleva a la desconfianza entre ellas, donde además las suspicacias surgen cuando Rusia comienza a recuperar peso internacional. La asimilación de la UE en el imaginario ruso juega cuando se busca avivar un nuevo enfrentamiento o una nueva guerra fría. Rusia y la UE comparten retos y amenazas de seguridad, por el hecho de ser vecinos, que no afectan de forma tan directa a los Estados Unidos; tal es el caso de la situación en los Balcanes y de los problemas en el vecindario compartido cuya estabilidad interesa por igual a ambos.

En cuanto al gas ruso y el consumo europeo, Catar es el gran ganador de la guerra de Ucrania. Porque al igual que los demás países del CCG, Catar pretende conservar unas relaciones cordiales con Moscú. A pesar de algunos discursos firmes sobre la agresión rusa y la intención expresa de no volver a invertir en Rusia, Doha se opone a las sanciones económicas. Por otro lado, como principal exportador de gas natural licuado (GNL), Catar parece la principal alternativa a Rusia en el mercado europeo, dado que

Argelia, ante una fuerte demanda interna, difícilmente puede compensar las exportaciones rusas y se vuelve hacia los inversores extranjeros para explorar su suelo. Es posible imaginar un reparto del mercado mundial entre Catar y Rusia: Catar suministraría cada vez más GNL a Europa, mientras que Rusia aumentaría sus envíos a Asia (especialmente a China). Una vez más, la guerra en Ucrania no ha hecho más que acelerar una tendencia (y una desconfianza hacia el gas ruso) que se percibe desde hace décadas. (Mohammedi, 2022).

No olvidemos el tema impulsado desde 1999 por la UE, "medio ambiente" que ha sido un tema coyuntural para Rusia durante ya dos décadas. Rusia se ha percibido desde entonces como un actor que aporta poco en la lucha contra el cambio climático. Las narrativas del presidente ruso han oscilado entre afirmar la dependencia sistémica de Rusia de los hidrocarburos hasta ignorar los riesgos y oportunidades asociados a las transiciones climática y digital. (Lazard, 2022). Curiosamente los documentos sobre seguridad nacional rusa revelan que Rusia comprendió hace años que el cambio climático y las perturbaciones geopolíticas provocarían cambios radicales en los mercados de la energía y las materias primas, lo que los obligaría a diversificar su economía. (3, 2010):

> *"En cuanto a la energía, dos aspectos fundamentales definen las perspectivas: primero que los hidrocarburos seguirán siendo fundamentales para la economía mundial y que la mayor demanda provendría de Asia. Por tanto, Rusia tendrá que orientar sus esfuerzos hacia nuevos mercados y asociaciones. Segundo los esfuerzos europeos por avanzar hacia una combinación de energías renovables que se basan en materias primas estratégicas como las tierras raras".(Pág.1).*

Es aquí donde se incrementa el interés ruso por Ucrania; dado que esta última alcanza una riqueza mineral estimada en más de siete billones de euros, proyectando una asociación estratégica sobre materias primas con la UE en julio de 2021 para desarrollar y diversificar las cadenas de suministro de materiales estratégicos. (UGS, 2022). Con esto se despierta el interés de Rusia para acceder a los recursos que necesita para cumplir con la Ley Europea del Clima, un aspecto fundamental de los pactos sociales europeos en el marco del Pacto Verde Europeo. El uso de la fuerza y la instrumentalización del conflicto y la guerra son fundamentales en la estrategia de Rusia. (Lazard, 2022). Con esto se concluye que será necesario entender que la seguridad energética y la seguridad climática son una misma cosa.

La Unión Europea y el respaldo a Ucrania.

La diversidad de enfoques por parte de analistas internacional en el conflicto ucraniano va desde afirmar que el objetivo ronda entorno a lograr el control de EURASIA y que la meta es debilitar a Rusia. Hasta versiones más institucionales donde se afirman posiciones sustentadas en garantías y derechos, es el caso de los miembros de la UE que están defendiendo a Ucrania de la agresión rusa adoptando fuertes sanciones contra Rusia y suministrando ayuda militar y de todo tipo a Ucrania. Y lo hacen porque creen que Ucrania es un país soberano e independiente y tiene el derecho a establecer las alianzas militares que estime oportunas. El fundamento diplomático ruso es afirmar sin cesar que consideraba la entrada de Ucrania en la OTAN como "una amenaza existencial". Es aquí donde nace el debate desde un ángulo muy concreto, la defensa de la libertad de los países soberanos para establecer alianzas militares es un principio de carácter general que tiene vocación universal y si no prevalece este principio, podemos considerar que lo ocurrido en Ucrania sin problema se puede repetir en otras latitudes. (García-Valdecasas, 2022). Un grupo importante de analistas afirman que esta guerra no se habría dado si no se hubiera orquestado, con ayuda de algunos miembros de la OTAN[82], en 2014 un golpe de estado contra el presidente ucraniano Yanukovich, y si Ucrania hubiera mantenido el estatuto de neutralidad y no pertenencia a ningún bloque militar recogido en su Declaración de Soberanía (16-07-1990) y en su Declaración de Independencia (24-08-1991). Neutralidad reiterada por Yanukovich en 2010. La única posibilidad es un acuerdo que garantice la neutralidad de Ucrania, nos señala Morin.

La posición correcta de Ucrania, según Kissinger, es ser un estado tampón neutral. Tarde o temprano Estados Unidos y sus aliados tendrán que enfrentarse a China, y Rusia ya no estará ahí y si estuviera en esa

---

[82] La relación que puede haber entre la guerra en Ucrania, la respuesta de Estados Unidos y sus aliados de la OTAN y la fase de militarización de la UE. Todo indica que la OTAN ha emprendido una guerra de desgaste que tiene como objetivo debilitar militarmente a Rusia y dificultar su influencia en el Este de Europa, en el Mediterráneo y en Oriente Medio. (Calvo, 2022).

guerra[83]***, estará del lado de China. El debate continua, pues ciertamente Rusia fue aislada de Europa, pero no a escala mundial***[84]***. En otras palabras, a pesar de su intervención en Ucrania, Moscú todavía pudo contar con socios lejos de sus fronteras. Esta cooperación, incluso esta interdependencia, es especialmente clara en lo que respecta a las materias primas. (Mohammedi, 2022). Ya se***

---

[83] Aunque las guerras son en la actualidad menos comunes, a la vez, son más destructivas. Afirman que el siglo XX ha sido el menos cruel a pesar de la bomba atómica o las dos guerras mundiales, aunque se reconoce que la crueldad sigue existiendo y la sensibilidad social hacia ella ha crecido con el tiempo y los efectos de la globalización. (Pinker, 2011).

[84] En 2022 varios países optaron por no sancionar a Rusia, lo que incluía a dos de las mayores economías del mundo, China e India, además de aliados clave de Washington como los países árabes del Golfo Pérsico, sin mencionar a decenas de países en América Latina, África y Asia. En la esfera política, Moscú consiguió mantener cerca a algunos de los rivales más importantes de Washington, como Irán o China, y, sobre todo, fue eficaz en mantener una especie de "neutralidad de facto" por parte de muchos de quienes eran aliados de Occidente. El caso de Turquía o Qatar son ejemplos de esto último. (Meschoulam M. , Ucrania a cinco meses: actualización y análisis, 2022).

trate de trigo o de cuestiones relacionadas con la energía, Rusia es una potencia difícil de "marginalizar". En junio del 2022 la exportación de trigo ruso y ucraniano se paralizo por un obstáculo físico, el bloqueo de los puertos y las minas, y un obstáculo técnico, las sanciones a las transacciones financieras con Moscú. Aun con estas dificultades muchos analistas concluyen que es necesario reorganizar el orden de prioridades y estas prioridades van a ser centrales en el debate en torno al futuro papel de la OTAN. Asimismo, no cabe duda de que desafíos transnacionales o asimétricos como el terrorismo, el crimen organizado, la proliferación de armas ligeras y la migración irregular seguirán generando focos de inestabilidad en Europa y el mundo. La OTAN deberá invertir en la resiliencia y el desarrollo, junto con una mayor consolidación de los lazos con los actores regionales y otras organizaciones relevantes, empezando por la UE. (Morcos & Simón, 2022).

A continuación anexamos un recuadro que contiene información publicada en el portal del Consejo Europeo – Consejo de la Unión Europea, con la cronología de las medidas restrictivas de la UE contra Rusia por sus actos en Ucrania. (CEUE, 2022):

Cronología - Medidas restrictivas de la UE contra Rusia por sus actos en Ucrania		
Fecha y Autor	*Tema*	*Descripción del acontecimiento*
Año 2014 *Unión Europea*	*Sanciones contra Rusia desde 2014, a raíz de la*	*3 de marzo: Sesión extraordinaria del Consejo de Asuntos Exteriores sobre la situación en Ucrania.* *6 de marzo: Reunión extraordinaria de los jefes de Estado o de Gobierno de la UE sobre Ucrania.* *17 de marzo: Adopción de una primera serie de medidas restrictivas contra veintiún funcionarios rusos y ucranianos.*

(CEUE, 2022)	anexión ilegal de Crimea.	*20 de marzo: El Consejo Europeo trata la crisis de Ucrania y nuevas sanciones.*
		15 de abril: El Consejo de Asuntos Exteriores aborda la situación en el este de Ucrania.
		12 de mayo: Acuerdo sobre una nueva serie de sanciones.
		23 de junio: Prohibición de importar bienes de Crimea.
		26 de junio: Los dirigentes de la UE establecen cuatro medidas específicas que deben adoptar Rusia. También firman un Acuerdo de Asociación con Ucrania.
		16 de julio: Acuerdan

		adoptar contra Rusia un nuevo conjunto de seis medidas restrictivas, entre ellas restricciones a la cooperación económica con Rusia.

Cronología - Medidas restrictivas de la UE contra Rusia por sus actos en Ucrania

Fecha y Autor	Tema	Descripción del acontecimiento
		18 de julio: Crisis de Ucrania: la UE amplía el alcance de las sanciones.
		22 de julio: El Consejo adopta medidas tras el derribo del vuelo MH17.
Año 2014

Unión | Sanciones contra Rusia | 25 de julio: Nuevas sanciones de la UE por la situación en el este de Ucrania. |

Europea (CEUE, 2022)	desde 2014, a raíz de la anexión ilegal de Crimea.	*29 de julio: A raíz de las conclusiones de la reunión del Consejo Europeo del 16 de julio, el Consejo adopta un paquete de sanciones económicas selectivas.*
		30 de agosto : A raíz de la dramática escalada, el Consejo Europeo solicita que se prepararen nuevas sanciones económicas contra Rusia.
		12 de septiembre: Entra en vigor un nuevo paquete de medidas restrictivas aplicables a los intercambios con Rusia en determinados sectores económicos.
		17 de noviembre: Se contempla la posibilidad de nuevas sanciones.
		28 de noviembre: La UE refuerza las sanciones

		contra los separatistas en el este de Ucrania.
		18 de diciembre: El Consejo Europeo dedica su atención a los países vecinos del Este.

Cronología - Medidas restrictivas de la UE contra Rusia por sus actos en Ucrania

Fecha y Autor	Tema	Descripción del acontecimiento
		29 de enero: Prórroga de las medidas restrictivas individuales existentes.
Año 2015 Unión	Sanciones contra Rusia	9 de febrero: Las medidas consisten en la inmovilización de bienes y la prohibición de viaje y se aplican a diecinueve personas y nueve entidades implicadas en acciones contra la integridad territorial de Ucrania.

Europea (CEUE, 2022)	desde 2014, a raíz de la anexión ilegal de Crimea.	*12 de febrero: Los dirigentes de la UE acogen favorablemente los resultados del Acuerdo de Minsk.*
		16 de febrero: La UE refuerza las sanciones contra los separatistas en el este de Ucrania.
		5 de marzo: Prórroga de las sanciones de la UE por malversación de fondos públicos ucranianos.
		13 de marzo: La UE prorroga la validez de las sanciones por acciones contra la integridad territorial de Ucrania.
		19 de marzo: Los dirigentes deciden vincular el régimen de sanciones vigente a la aplicación de los Acuerdos de Minsk.

		5 de junio: Prórroga de las sanciones de la UE por malversación de fondos públicos ucranianos.

Cronología - Medidas restrictivas de la UE contra Rusia por sus actos en Ucrania

Fecha y Autor	Tema	Descripción del acontecimiento
Año 2015 Unión Europea	Sanciones contra Rusia desde 2014,	19 de junio: Prórroga de las restricciones en respuesta a la anexión ilegal de Crimea y Sebastopol. El Consejo prorroga hasta el 23 de junio de 2016 las medidas restrictivas de la UE en respuesta a la anexión ilegal de Crimea y Sebastopol. Estas medidas incluyen prohibiciones aplicables a la importación de productos, las inversiones, los servicios turísticos y la exportación de determinados bienes y tecnologías.

(CEUE, 2022)	*a raíz de la anexión ilegal de Crimea.*	*14 de septiembre: Prórroga de las sanciones de la UE por acciones contra la integridad territorial de Ucrania. El Consejo prorroga hasta el 15 de marzo de 2016 la aplicación de medidas restrictivas de la UE por acciones contra la integridad territorial, la soberanía y la independencia de Ucrania.*
		5 de octubre: Prórroga de las sanciones de la UE por malversación de fondos públicos ucranianos. El Consejo prorroga la inmovilización de bienes respecto de una persona sujeta a las medidas aplicables hasta el 6 de octubre de 2015.
		Prórroga de las sanciones económicas: El Consejo prorroga las sanciones económicas de la UE contra Rusia hasta el 31 de julio de 2016. En marzo de 2015, los dirigentes de

		la UE decidieron vincular el régimen de sanciones en vigor a la plena aplicación de los Acuerdos de Minsk, prevista para finales de diciembre de 2015. Dado que los Acuerdos de Minsk no se habrán aplicado plenamente a 31 de diciembre de 2015, se prorroga la duración de las sanciones mientras el Consejo prosigue su evaluación de los avances en la aplicación.

Cronología - Medidas restrictivas de la UE contra Rusia por sus actos en Ucrania		
Fecha y Autor	**Tema**	**Descripción del acontecimiento**
		4 de marzo: Prórroga de las sanciones de la UE por malversación de fondos públicos ucranianos.
		10 de marzo: El Consejo

Año 2016 *Unión Europea* *(CEUE, 2022)*	*Sanciones contra Rusia desde 2014, a raíz de la anexión ilegal de Crimea.*	*prorroga hasta el 15 de septiembre de 2016 las medidas restrictivas de la UE contra 146 personas y 37 entidades, en vista de la persistencia de acciones que menoscaban o amenazan la integridad territorial, la soberanía y la independencia de Ucrania.*
		17 de junio: Prórroga de las sanciones en respuesta a la anexión ilegal de Crimea y Sebastopol. El Consejo prorroga las medidas restrictivas en respuesta a la anexión ilegal de Crimea y Sebastopol por parte de Rusia hasta el 23 de junio de 2017.
		1 de julio: Prórroga de las sanciones económicas. El Consejo prorroga las sanciones económicas dirigidas a sectores específicos de la economía rusa hasta el 31 de enero

		de 2017.
		9 de noviembre: La UE añade a la lista de sanciones a seis diputados de la Duma de Estado por Crimea.
		19 de diciembre: Prórroga de las sanciones económicas. El Consejo prorroga hasta el 31 de julio de 2017 la aplicación de sanciones económicas dirigidas a sectores específicos de la economía rusa.

Cronología - Medidas restrictivas de la UE contra Rusia por sus actos en Ucrania		
Fecha y Autor	*Tema*	*Descripción del acontecimiento*
		3 de marzo: Prórroga de las sanciones de la UE por malversación de fondos

		públicos ucranianos.
		13 de marzo: Prórroga de las sanciones de la UE por acciones contra la integridad territorial de Ucrania.
Año 2017 *Unión Europea* *(CEUE, 2022)*	*Sanciones contra Rusia desde 2014, a raíz de la anexión ilegal de Crimea.*	*19 de junio: Prórroga de las sanciones en respuesta a la anexión ilegal de Crimea y Sebastopol.*
		28 de junio: El Consejo prorroga las sanciones económicas aplicables a ciertos sectores de la economía rusa hasta el 31 de enero de 2018.
		4 de agosto: La UE añade tres personas y tres entidades a la lista de sanciones.
		14 de septiembre: Prórroga de las sanciones

		de la UE por acciones contra la integridad territorial de Ucrania.
		21 de noviembre: Se añade al «gobernador de Sebastopol» a la lista de sanciones por acciones contra la integridad territorial de Ucrania.
		21 de diciembre: Esta decisión se toma a raíz de la información comunicada por el presidente Macron y la canciller Merkel al Consejo Europeo del 14 de diciembre de 2017 sobre el estado de aplicación de los Acuerdos de Minsk.

Cronología - Medidas restrictivas de la UE contra Rusia por sus actos en Ucrania		
Fecha y Autor	*Tema*	*Descripción del acontecimiento*
		5 de marzo: Prórroga de

		las sanciones de la UE por malversación de fondos públicos ucranianos.
		12 de marzo: Prórroga de las sanciones de la UE por acciones contra la integridad territorial de Ucrania.
Año 2018 *Unión Europea* *(CEUE, 2022)*	*Sanciones contra Rusia desde 2014, a raíz de la anexión ilegal de Crimea.*	*14 de mayo: La UE añade a la lista de sanciones a cinco personas implicadas en la organización de las elecciones presidenciales rusas.*
		18 de junio: Prórroga de las sanciones en respuesta a la anexión ilegal de Crimea y Sebastopol.
		31 de julio: La UE añade a la lista de sanciones a seis entidades implicadas en la construcción del puente de Kerch.

		13 de septiembre: La UE prorroga las sanciones por actos contra la integridad territorial de Ucrania.
		10 de diciembre: La UE añade a la lista de sanciones a nueve personas por su implicación en las denominadas «elecciones» del 11 de noviembre de 2018.
		21 de diciembre: Prórroga de las sanciones económicas *El Consejo prorroga las sanciones económicas aplicables a ciertos sectores de la economía rusa hasta el 31 de julio de 2019.*

Cronología - Medidas restrictivas de la UE contra Rusia por sus actos en Ucrania		
Fecha y Autor	*Tema*	*Descripción del acontecimiento*
Año 2019 *Unión Europea* *(CEUE, 2022)*	*Sanciones contra Rusia desde 2014, a raíz de la anexión ilegal de Crimea.*	*4 de marzo: El Consejo prorroga hasta el 6 de marzo de 2020 la inmovilización de bienes contra doce personas consideradas responsables de malversación de fondos públicos ucranianos o de abuso de poder causante de pérdida para los fondos públicos ucranianos.* *15 de marzo: La UE responde a la escalada de tensión en el estrecho de Kerch y el mar de Azov y prorroga las sanciones por las acciones contra la integridad territorial de Ucrania.* *20 de junio: El Consejo prorroga hasta el 23 de*

		junio de 2020 las medidas restrictivas adoptadas en respuesta a la anexión ilegal de Crimea y Sebastopol por parte de Rusia.
		27 de junio: El Consejo prorroga las sanciones económicas aplicables a ciertos sectores de la economía rusa hasta el 31 de enero de 2020.
		12 de septiembre: La UE prorroga las sanciones por acciones contra la integridad territorial de Ucrania. El Consejo prorroga las medidas restrictivas otros seis meses, hasta el 15 de marzo de 2020.
		19 de diciembre: Extension of economic sanctions. The Council prolonged the economic sanctions targeting specific sectors of the Russian economy until 31 July 2020.

Cronología - Medidas restrictivas de la UE contra Rusia por sus actos en Ucrania		
Fecha y Autor	*Tema*	*Descripción del acontecimiento*
Año 2020 *Unión Europea* *(CEUE, 2022)*	*Sanciones contra Rusia desde 2014, a raíz de la anexión ilegal de Crimea.*	*18 de junio: El Consejo decide renovar hasta el 23 de junio de 2021 las sanciones adoptadas en respuesta a la anexión ilegal de Crimea y Sebastopol.*
		17 de diciembre: El Consejo decide prorrogar hasta el 31 de julio de 2021 las medidas restrictivas dirigidas a sectores concretos de la economía rusa.
		29 de junio: El Consejo prorroga seis meses más las sanciones económicas por la crisis de Ucrania

		(Comunicado de prensa, 29.6.2020).
		13 de marzo: El Consejo decide que las sanciones vigentes respecto de acciones que menoscaban o amenazan la integridad territorial, la soberanía y la independencia de Ucrania deben prorrogarse por otros seis meses hasta el 15 de septiembre de 2020.
		5 de marzo: Extension of EU sanctions over misappropriation of Ukrainian state funds *The Council decided to prolong for one more year until 6 March 2021 the existing asset freezes directed against 10 persons identified as responsible for the misappropriation of Ukrainian state funds or for the abuse of office causing a loss to Ukrainian public funds. The restrictive measures against two persons were not extended.* *Malversación de fondos*

		públicos ucranianos: el Consejo prorroga la inmovilización de bienes

Cronología - Medidas restrictivas de la UE contra Rusia por sus actos en Ucrania		
Fecha y Autor	**Tema**	**Descripción del acontecimiento**
Año 2021 *Unión Europea* *(CEUE,*	*Sanciones contra Rusia desde 2014, a raíz de la*	*4 de marzo: Malversación de fondos públicos ucranianos: El Consejo decide prorrogar durante un año más, hasta el 6 de marzo de 2022, la inmovilización de bienes vigente contra siete personas consideradas responsables de malversación de fondos públicos ucranianos o de abuso de poder causante de pérdida para los fondos públicos ucranianos.*

2022)	*anexión ilegal de Crimea.*	*12 de marzo: La UE prorroga por otros seis meses las sanciones relativas a la integridad territorial. El Consejo decide prorrogar por otros seis meses, hasta el 15 de septiembre de 2021, las sanciones contra quienes menoscaban o amenazan la integridad territorial, la soberanía y la independencia de Ucrania.*
		21 de junio: Crimea y Sebastopol: el Consejo prorroga las sanciones un año más. El Consejo decide prorrogar un año más, hasta el 23 de junio de 2022, las sanciones adoptadas en respuesta a la anexión ilegal de Crimea y Sebastopol por parte de la Federación de Rusia.
		10 de septiembre: La UE prorroga por otros seis meses las sanciones relativas a la integridad territorial. El 10 de septiembre de 2021, el

		Consejo decide prorrogar por otros seis meses, las sanciones contra quienes menoscaban o amenazan la integridad territorial, la soberanía y la independencia de Ucrania.
		11 de octubre: La UE sanciona a ocho personas que atentaron contra la integridad territorial.

Cronología - Medidas restrictivas de la UE contra Rusia por sus actos en Ucrania		
Fecha y Autor	*Tema*	*Descripción del acontecimiento*
		13 de enero: El Consejo ha decidido prorrogar otros seis meses, hasta el 31 de julio de 2022, las medidas restrictivas que actualmente se aplican a determinados sectores económicos de la Federación de Rusia.

Año 2022 Unión Europea (CEUE, 2022)	*Sanciones contra Rusia desde 2014, a raíz de la anexión ilegal de Crimea.*	*23 de febrero: El Consejo acuerda un paquete de sanciones en respuesta a la decisión de la Federación de Rusia de reconocer como entidades independientes las zonas de las provincias ucranianas de Donetsk y Luhansk no controladas por el Gobierno y la consiguiente decisión de enviar tropas rusas a esas zonas.*
		24 de febrero: Acuerdan nuevas sanciones contra Rusia relacionadas con: el sector financiero, los sectores de la energía y el transporte, los productos de doble uso, el control y la financiación de las exportaciones, la política de visados, sanciones adicionales contra nacionales rusos, y nuevos criterios de inclusión en las listas.
		25 de febrero: Segundo paquete de sanciones en respuesta a la invasión rusa de Ucrania. La UE

		decide congelar los activos de Vladímir Putin, presidente de la Federación de Rusia y de Sergey Lavrov, ministro de Asuntos Exteriores de la Federación de Rusia.
		28 de febrero: Las nuevas medidas incluyen: la prohibición de las transacciones con el Banco Central de Rusia; la prohibición del sobrevuelo del espacio aéreo de la UE y del acceso a los aeropuertos de la UE por parte de compañías rusas de todo tipo; nuevas sanciones a otras 26 personas y a una entidad.

Cronología - Medidas restrictivas de la UE contra Rusia por sus actos en Ucrania		
Fecha y Autor	*Tema*	*Descripción del acontecimiento*
Año 2022 *Unión Europea* *(CEUE, 2022)*	*Sanciones contra Rusia desde 2014, a raíz de la anexión ilegal de Crimea.*	*2 de marzo: Tercer paquete de sanciones: prohibición del acceso al sistema SWIFT para siete bancos rusos.* *La UE excluye de SWIFT a siete bancos rusos. La exclusión garantizará que estos bancos queden desconectados del sistema financiero internacional y mermará su capacidad para realizar operaciones a escala mundial.* *2 de marzo: Tercer paquete de sanciones: La UE aprueba la suspensión de las actividades de radiodifusión en la UE de los canales de comunicación Sputnik y Russia Today hasta que se ponga término a la agresión contra Ucrania.*

		3 de marzo: Malversación de fondos públicos ucranianos: la UE prorroga las medidas restrictivas.
		9 de marzo: La UE acuerda nuevas medidas dirigidas a Bielorrusia y Rusia. En respuesta a la participación de Bielorrusia en la agresión militar, injustificada y no provocada, de Rusia contra Ucrania, el Consejo adopta nuevas medidas dirigidas al sector financiero bielorruso.
		10 de marzo: La UE prorroga por otros seis meses las sanciones relativas a la integridad territorial.
		15 de marzo: Cuarto paquete de sanciones en respuesta a la invasión rusa de Ucrania.

Cronología - Medidas restrictivas de la UE contra Rusia por sus actos en Ucrania		
Fecha y Autor	*Tema*	*Descripción del acontecimiento*
Año 2022 *Unión Europea* *(CEUE, 2022)*	*Sanciones contra Rusia desde 2014, a raíz de la anexión ilegal de Crimea.*	*8 de abril: Quinto paquete de sanciones en respuesta a la invasión rusa de Ucrania, a la luz de la persistencia de la guerra de agresión de Rusia contra Ucrania y de las denuncias de las atrocidades cometidas por las fuerzas armadas rusas en varias ciudades ucranianas.*
		13 de abril: La UE introduce excepciones a las medidas restrictivas para facilitar las actividades humanitarias.
		30 y 31 de mayo: Los dirigentes de la UE condenan con la máxima contundencia la guerra de

		agresión de Rusia contra Ucrania y acuerdan el sexto paquete de sanciones. El paquete incluirá el petróleo crudo, así como, los productos petrolíferos, suministrados desde Rusia a los Estados miembros.
		20 de junio: El Consejo decide prorrogar un año más, hasta el 23 de junio de 2023, las sanciones adoptadas en respuesta a la anexión ilegal de Crimea y Sebastopol por parte de la Federación de Rusia.
		21 de julio: El Consejo adopta nuevas medidas restrictivas destinadas a endurecer las sanciones económicas existentes contra Rusia, perfeccionar su aplicación y reforzar su eficacia.
		4 de agosto: La UE impone medidas restrictivas a Viktor y Oleksandr Yanukóvich.

Cronología - Medidas restrictivas de la UE contra Rusia por sus actos en Ucrania		
Fecha y Autor	**Tema**	**Descripción del acontecimiento**
Año 2022 Unión Europea (CEUE, 2022)	Sanciones contra Rusia desde 2014, a raíz de la anexión ilegal de Crimea.	6 de octubre: En vista de la escalada de la guerra y la anexión ilegal en Ucrania, el Consejo adopta nuevas sanciones que consisten en: una limitación de precios en relación con el transporte marítimo de petróleo ruso para terceros países; inclusiones en la lista de artículos restringidos que pueden contribuir a la mejora militar y tecnológica de Rusia; La UE adopta su último paquete de sanciones contra Rusia por la anexión ilegal de las regiones ucranianas de Donetsk, Luhansk, Zaporiyia y Jersón (comunicado de prensa, 6.10.2022).

| | | *20 de octubre: La UE sanciona a tres personas y una entidad en relación con el uso de drones iraníes en la agresión rusa. El Consejo añade a tres nacionales iraníes y a una entidad iraní a la lista de personas y entidades sujetas a medidas restrictivas por menoscabar o amenazar la integridad territorial, la soberanía y la independencia de Ucrania. Esto se debe a su papel en el desarrollo y la entrega de vehículos aéreos no tripulados utilizados por Rusia en su guerra contra Ucrania. La inclusión en la lista de sanciones supone, para quienes figuran en ella, una inmovilización de bienes y, para los ciudadanos y las empresas de la UE, la prohibición de poner fondos a su disposición. Las personas físicas también están sujetas a una prohibición de viaje que les impide entrar en el* |

		territorio de la UE o transitar por él. ***Ucrania: la UE sanciona a tres personas y una entidad en relación con el uso de drones iraníes en la agresión rusa (comunicado de prensa, 20.10.2022)*** ***Irán: medidas restrictivas de la UE.***

África

Los Temas del continente africano no son ajenos a la problemática internacional, ni están aislados o desconectados de los conflictos regionales. Tal es el caso de la guerra ruso-ucraniana que presenta síntomas de contagio según el enfoque de algunos analistas. Por ejemplo la afirmación de correlacionar el Estado Islámico que se mantiene presente en diversas localidades africanas a través de las llamadas redes de filiales que de ninguna manera se afirma que se estén enviando ejércitos, sino que sus narrativas, sus metas y los símbolos logran un poder de atracción tal que, individuos, células, grupos y organizaciones locales en diversas zonas, como el Sahel en África. La competencia y rivalidad entre potencias globales se ha dejado sentir en la zona. Por ejemplo Francia que ha enviado misiones militares para apoyar en el combate contra distintos grupos yihadistas, donde los golpistas emplean continuamente consignas antifrancesas en el discurso que justifica sus acciones, y Rusia ha estado aprovechando los vacíos provocados para incrementar su influencia en la región. El método principal

empleado por Moscú para hacer esto último, es el Grupo Wagner, una empresa militar privada vinculada al Kremlin. La presencia de personal de este grupo en países como Malí, había venido creciendo y con el conflicto con Ucrania se han dispersado fuerzas para el frente ucraniano. Bajo esta perspectiva, Moscú simplemente no puede darse el lujo de perder por la proyección internacional qué esto representa. Putin considera que no tiene alternativa sino vencer en Ucrania, si desea mantener la proyección de superpotencia que ha pretendido otorgar a Rusia. Pero la cuestión es que, para hacerlo, al menos por ahora, necesita enfocar todos y cada uno de sus esfuerzos y capitales hacia esa guerra, lo que implica que ha tenido que retirar recursos, como lo es el personal de Wagner, de sitios como África. (Meschoulam, Terrorismo en África y guerra en Ucrania: las conexiones, 2022). El trabajo realizado en África ya dejo cimentación al hablar de factores económicos y las exportaciones de armas fueron una herramienta de política exterior con la que Rusia mantuvo e incremento su presencia en el Norte de África. Veamos las cantidades que nos comparte Jordi Calvo (Calvo, 2022):

Exportaciones de armas rusas a países del norte de África y Oriente Próximo (MENA)			
Año	*MENA*	*Resto del mundo*	*% MENA sobre Total*
2011	*2.154*	*6.525*	*33%*
2012	*1.394*	*3.783*	*21%*
2013	*1.044*	*6.882*	*15%*

Exportaciones de armas rusas a países del norte de África y Oriente Próximo (MENA)			
Año	*MENA*	*Resto del mundo*	*% MENA sobre Total*
2014	*1.762*	*4.733*	*16%*
2015	*1.103*	*4.838*	*23%*

2016	*2.548*	*4.288*	*59%*
2017	*2.347*	*3.887*	*60%*
2018	*2.752*	*4.345*	*63%*
2019	*1.064*	*4.467*	*24%*
2020	*1.142*	*2.544*	*45%*
2021	*161*	*2.583*	*6%*
Total	*16.467*	*51.881*	*32%*

Recuadro elaborado a partir del SIPRI Arms Transfers Database. Los datos se ofrecen en TIV. Y fueron graficados por Jordi Calvo. (Calvo, 2022). Se puede observar un declive acusado en la exportación de armas rusas desde principios de la última década a nivel global por la reducción de ventas a Vietnam, Venezuela, India y Siria. Al mismo tiempo, se observó un claro aumento de las exportaciones a los países de la región MENA (Oriente Medio y Norte de África) en el trienio 2016-2018, cuando supusieron cerca del 40% de las exportaciones rusas, con una tendencia a la baja los siguientes años, hasta que en 2021 representaron tan solo el 6% del total. Rusia ha optado por desarrollar su peso militar[85] global para mantener vivo el proyecto de la Gran Rusia que sustenta en buena medida el régimen autocrático de la era Putin. Oriente Medio y Norte de África no le han dado la espalda a Rusia, pero la guerra de Ucrania redujo en África igual que en Oriente Medio, su margen de maniobra.

La política de la Rusia postsoviética se basa en tres pilares: flexibilidad, estabilidad y obsidionalidad. La flexibilidad se manifiesta en la doctrina rusa en materia de política exterior: se abandonan las alianzas vinculantes y la lógica de bloques en favor de asociaciones que dejan cierto margen de maniobra. La estabilidad implica tres ideas fijas: la importancia otorgada a la lucha contra el terrorismo; la hostilidad hacia un

---

[85] El Norte de África sigue siendo un socio privilegiado, sobre todo en el campo del armamento, en el período 2015-2019, Argelia fue el tercer cliente de Moscú y compro aproximadamente la mitad de las armas rusas exportadas al continente africano. (Mohammedi, 2022).

islam político reticular representado principalmente por la red de los Hermanos Musulmanes y el sostén dado a los poderes autoritarios y a los ejércitos. La obsidionalidad designa una mentalidad sitiada que apunta a las potencias "occidentales", entre las que destaca Washington. Cerca de su territorio, Rusia les reprocha la ampliación de la Alianza Atlántica. Lejos de su territorio, les reprocha su propensión a la injerencia. (Mohammedi, 2022). África no es una prioridad en la doctrina rusa. Su verdadera prioridad es lo que solía llamarse el "extranjero próximo". Es cierto que Malí y la República Centroafricana se abstuvieron en la Asamblea General de Naciones Unidas de votar en contra de Rusia. Pero no está claro cómo la presencia rusa en África puede remediar, al menos en un futuro inmediato, el aislamiento de Rusia en Europa. Si Rusia se quedara estancada en Ucrania, y si las relaciones con Europa en los próximos años se redujeran a sanciones y contrasanciones, Oriente Medio y África parecerían más sustitutos que instrumentos para Rusia.

América Latina

Para América Latina lo peor del Covid-19, ya es historia. Argentina, Brasil, Colombia, Chile y México, como las principales economías de la región cerraron mayo de 2022 un 4% por encima de los niveles de pandemia. La recuperación fue rápida, más de lo previsto para mediados de 2020, que comenzaba la pandemia. Los niveles de vacunación están entre los más altos del mundo, donde tres de cada cuatro latinoamericanos tienen su vacunación completa, similar a Estados Unidos o el promedio europeo. (Ramos & Melguizo, 2022). Lamentablemente durante 2022, el conflicto ucraniano no es ajeno para América Latina aun con su lejanía hacia Europa, y las repercusiones globales, no solo involucraran a Rusia, la UE, la OTAN y Estados Unidos, también afectan a zonas periféricas. Sin duda una de las principales causas es su total parálisis en el proceso de integración, que ha llevado a la región a tener una presencia limitada en la escena internacional y a no expresarse con una sola voz en los foros multilaterales. (Malamud C. , 2019).

La consolidación de este mundo multipolar, está teniendo variadas consecuencias sobre América Latina. Se han diversificado los mercados y han permitido la entrada de China y geopolíticamente, variados actores emergentes internacionales han buscado ganar influencia y poder económico, apalancándose de las potencias tradicionales: Estados Unidos, la UE o España. (Esteban, China en América Latina: repercusiones para España, 2015):

> *"Las relaciones entre China y América Latina son complejas, crecientes, marcadamente asimétricas y fundamentalmente económicas. En los últimos años estos vínculos se están intensificando rápidamente, hasta el punto de condicionar la evolución de varios países de la zona y sus procesos de integración regional. Este fenómeno no puede resultarle indiferente a España, dados nuestros estrechos vínculos con esta parte del mundo".(Pág.1).*

Rusia, tiene una política latinoamericana vinculada al liderazgo de Putin, que no cesa de buscar resituar a Rusia como potencia global, tras lo perdido en el colapso de la URSS. Putin ha buscado áreas estratégicas concretas, tal es el caso de los países latinoamericanos. Se sobrentiende su interés por buscar contrarrestar la influencia de Estados Unidos en otras áreas como la

Ucrania misma. Latinoamérica es para Putin una pieza más en su estrategia global que incluye: alianzas con Venezuela, Cuba y Nicaragua que puedan ser útiles para socavar la hegemonía estadounidense; pero también utilizarlos como instrumentos de disuasión sobre Estados Unidos y sus pretensiones de avanzar sobre Asia. Como lo concretan algunos analistas Rusia ha intentado expandir su presencia en América Latina y afianzarse mediante diferentes herramientas: el comercio, la energía, venta de armamento y hasta capacitación. (Malamud, Milosevich-Juaristi, & Núñez Castellano, América Latina en la crisis de Ucrania: un convidado de piedra dentro de la estrategia de la Rusia de Putin, 2022).

La guerra ruso-ucraniana ha incidido en América Latina cuando menos en tres ámbitos: primero la economía, debido al alza en el precio de las materias primas, incluyendo hidrocarburos; Segundo, en la pugna geopolítica mundial por el control y acceso a los recursos energéticos, que ha revalorizado a algunas potencias petroleras, tal es el caso de Venezuela donde la subida del precio del petróleo es oxigenación para sus problemas de inflación o caída de recursos, o como el caso de Ecuador que han experimentado un deterioro de sus cuentas fiscales. De alargarse el conflicto, los precios continuaran creciendo hasta afectar a todas las poblaciones. En la UE comienzan a disminuir los requisitos para importar maíz de Argentina y Brasil, buscando estabilizar los mercados de consumo. Como sabemos el alza del petróleo afecta los precios de la gasolina y de los productos de consumo ante el encarecimiento del transporte, alimentos y fertilizantes, que trasciende de lo local a lo global. La región podría estar a las puertas de un nuevo boom de hidrocarburos, cuya duración dependerá también de la "nueva guerra fría" y su pulso geopolítico. Este último será determinante para que Latinoamérica realmente pueda aprovechar esta coyuntura económica que se presentara, resultado de los aún vigentes ejercicios de la globalización. Aquí es donde puede estar el problema, como lo menciona Shannon K. O'neill para un verdadero aprovechamiento. (O'neil, 2022):

> *"La mayor parte de los países latinoamericanos no se han "globalizado", ni siquiera internacionalizado. Brasil y Argentina siguen siendo dos de las economías más cerradas del mundo, con un comercio que*

representa menos del 30% del PIB. América Latina y el Caribe, como región, está 11 puntos porcentuales por debajo de la media mundial (45% frente al 56%) en cuanto a la importancia del comercio para sus economías, y está lejos de las estrellas de los mercados emergentes y de los grandes competidores comerciales, donde los flujos pueden rivalizar en tamaño con el PIB global. México, Brasil y Argentina han sido adelantados por Corea del Sur, Singapur, Malasia, Hong Kong y muchos países de Europa del Este capaces de superar la brecha de riqueza con el mundo desarrollado".(Pág.1).

La globalización continua siendo la consigna de los últimos 40 años y a ella se atribuye el crecimiento económico y la salida de millones de personas de la pobreza, aunque también se le acusa de aumentar la desigualdad y destruir empleos y comunidades.

Esta "nueva guerra fría" incluirá la pugna por los recursos energéticos, partiendo de la sustitución de Rusia como proveedor de gas a la UE. (Steinberg, 2016). La inversión extranjera estará muy pendiente de la evolución política de los países productores de petróleo; impactando en la situación política interna de algunos de los países desde que

Putin empezó a acumular tropas en la frontera, amenazando a Ucrania, en ese momento, el Kremlin reforzó sus alianzas con Cuba, Nicaragua, Venezuela y Bolivia, amagó[86] con algún tipo de despliegue militar en territorio latinoamericano y mostró su influencia recibiendo a Jair Bolsonaro y a Alberto Fernández en plena escalada de la tensión previa a la invasión. (Malamud & Núñez Castellano, 2022). Esto sin lugar a duda busca marcar límites a Washington, para el respeto de las áreas de influencia. Si Estados Unidos continua avanzando en las exrepúblicas soviéticas, Rusia tendrá que incrementar su presencia en el "patio trasero estadounidense". Esta rivalidad por las áreas de influencia, como lo explica Mira Milosevich-Juaristi, promueve la estrategia de "apoyo a la resiliencia". (Milosevich-Juaristi M. , Rusia y EEUU: ¿una confrontación responsable?, 2021).

Por otro lado Latinoamérica continuará creciendo como importante proveedor de una variada cantidad de materias primas para

---

[86] Serguéi Ryabkov, vicecanciller ruso insinuó que podría estar entre sus planes desplegar fuerzas militares en América Latina y más concretamente en países como Cuba, Venezuela y Nicaragua. "No quiero confirmar nada… ni lo descarto". (AFP, 2022).

China, un mercado potente y atractivo por sus opciones en tecnología y una región clave para la política exterior del continente. Estas relaciones económicas con China, impulsan para ambos bandos la oportunidad de ampliar las posibilidades de generar una mayor seguridad alimentaria y energética. (Myers, 2022).

Turquía

Turquía y Rusia pueden ser socios puntuales, ya que Ankara, en sus aspiraciones neo-otomanas, pretende recuperar su tradicional área de influencia y su naturaleza de puente entre Europa y Asia. Así compagina sus relaciones con Rusia con ser miembro de la OTAN, propicia acuerdos sobre la salida de grano ruso y ucraniano por el mar Negro o se ofrece como intermediario para terminar la guerra. El presidente turco, Recep Tayyip Erdogán, asistió a la reunión de Samarcanda ya que Turquía fue país invitado. Erdogán le transmitió a Putin un mensaje inequívoco: hay que ir rápidamente hacia la paz y ello pasa por la retirada de las tropas rusas de todo el territorio ucraniano. (Piqué, 2022). Con la intervención militar a Ucrania, Rusia fortalece a Turquía, ofreciendo que unan el mar Negro con la cuenca del Mediterráneo, reforzando la Alianza Atlántica. La guerra de Ucrania ha impulsado a países como Suecia y Finlandia a querer entrar en la OTAN, lo que ofrece a Turquía la oportunidad de ejercer su veto, justificándolo con la complacencia de estos países con el Partido de los Trabajadores del Kurdistán (PKK). Al hacerse indispensable para los estadounidenses en este tema, Turquía podría obtener de ellos lo que ya no necesita esperar de los rusos: la retirada de los combatientes kurdos. (Mohammedi, 2022). Katia Ovchinnkova describe el referente histórico y la visión de Estado plasmada en la actual Turquía desde el punto de vista panturquista. (Ovchinnikova, 2020):

> *"Los pueblos túrquicos están dispersos entre varios países, unos como población mayoritaria y otros como minorías étnicas. Hubo un tiempo en el que el movimiento panturquista pretendió unirlos en un solo Estado, pero la aspiración se diluyó durante el siglo XX, afectada por el fin del Imperio otomano. Con la caída de la URSS y el liderazgo de Turquía, el panturquismo resurgió, se adaptó y ahora es fuente de cooperación regional, festivales culturales y alianzas políticas y económicas".(Pág.1).*

El panturquismo está lejos de desaparecer, y el apoyo de Turquía a Azerbaiyán cuando entro en conflicto con Armenia en 2020 en el Alto Karabaj fue solo una de sus manifestaciones. (Saldaña, 2020). No debemos olvidar que el panturquismo surgió a partir del criterio lingüístico, dirigiéndose a los pueblos que hablaban lenguas túrquicas, que en la época del Imperio Otomano, no fueron pocas. El Imperio ruso fue parte de la semilla del panturquismo; varios pueblos de habla túrquica vivieron en la península de Crimea, en regiones del Volga, el Cáucaso, Siberia y Asia Central. (Ovchinnikova, Los tártaros: un nombre para varios pueblos, 2019). Después de la primera Guerra Mundial el panturquismo pasó a segundo plano, silenciado en la Unión Soviética y con Turquía apostando por el nacionalismo. Pero todo esto cambio con la desaparición de la URSS, Turquía dejó de ser el único Estado de mayoría túrquica y desde entonces comparte este carácter con Azerbaiyán, Kazajistán, Uzbekistán, Turkmenistán y Kirguistán. En el caso azerí, la independencia hizo resurgir el panturquismo y también la hostilidad hacia su vecina Armenia. Una de sus manifestaciones es el conflicto del Alto Karabaj, intermitente desde 1988. (Sebastiá, 2020). Ankara desde el pasado ha entrenado a los oficiales azeríes y es uno de los principales proveedores de armas de Bakú. (Keddie, 2020). En julio de 2020, Turquía anunció que toda su "experiencia, tecnología y capacidades, desde los vehículos voladores no tripulados hasta las municiones, misiles y sistemas electrónicos de guerra" estaban a disposición de Azerbaiyán. (Çalkaya, 2020). El panturquismo político no ha desaparecido, pero ha adaptado sus pretensiones a la nueva realidad y pocos aspiran hoy a crear un macro-estado túrquico entre la península de Anatolia y Asia Central. El Gobierno de Recep Tayyip Erdoğan promueve la cultura y la lengua turcas a través del Instituto Yunus Emre, que combina con su intervención militar en Siria y Libia, el apoyo al bando azerí en el conflicto del Alto Karabaj y las disputas con Grecia por las aguas territoriales del Egeo. (Hurtado, 2020). Turquía no termina de afianzar su papel en Europa y desde la creación de la Unión Europea, ha buscado ingresar, aunque no lo ha logrado. No obstante, Ankara puede finalmente llegar a crear su propio proyecto de integración regional. (Bocanegra, 2019). Finalmente buscando contrarrestar a Turquía, el Kremlin propuso que la integración regional abarcara a toda la comunidad euroasiática, pero bajo el liderazgo, lógicamente, de Moscú. (Stronski, 2020). El Imperio otomano, que en su momento fue el único país túrquico del mundo, no sobrevivió a la Primera Guerra Mundial, pero Turquía, su sucesora, sigue guiando a los nuevos países túrquicos hacia una cooperación cada vez más estrecha. (Ovchinnikova, Festivales y misiles: el

panturquismo en el siglo XXI, 2020).
Evidentemente continuará la competencia
regional por el liderazgo entre Rusia y
Turquía, pero ambos permanecerán en los
momentos drásticos como aliados. Al respecto
veamos la afirmación de Mevlut Cavusoglu
sobre el conflicto Rruso-ucranianao. (Kazancı
& Turan, 2022):

> *"El ministro de Relaciones Exteriores de*
> *Turquía, Mevlut Cavusoglu, afirmó en marzo*
> *del 2022 que algunos países miembros de la*
> *OTAN querían que la guerra en Ucrania*
> *continuara para que Rusia se debilitara.*
> *Además aseveró que Turquía no consideraba*
> *que la guerra entre Rusia y Ucrania duraría*
> *tanto después de las conversaciones de paz en*
> *Estambul". (Pág.1).*

Turquía en 2022 no goza de una salud plena
en el sentido estricto de la palabra; se percibe
que la economía turca transita por aguas
desconocidas tanto nacionales como
internacionales. Las elecciones presidenciales
previstas para 2023, proyectan incertidumbre
para el actual grupo en el poder, dado que se
determinara si el país es capaz de emprender
una nueva vía político-económica que otorgue
una salida viable a la crisis que presenta
números muy desalentadores, comenzando
con una inflación cerca del 54%, y una tasa

de desempleo del 11.4%. (Kutlay, 2022). La invasión rusa de Ucrania no ha llevado buenos bríos a Turquía, dada su estrecha relación que ha generado con el paso del tiempo, se ha convertido en una interdependencia económica, tanto en el sector energético, como el de turismo y construcción, hasta llegar a los temas de seguridad, por la compra de equipo militar. El desgaste político del grupo en el poder que lleva casi dos décadas dirigiendo el país, comienza a presentar vacíos en las áreas de oportunidad, que sin lugar a dudas, los aspirantes a sucederlos, están dispuestas a aprovechar. Lo posiblemente complicado es que el presidente turco, Recep Tayyip Erdoğan busca monopolizar todo el poder necesario para convertirse en el padre de los turco y sin contrapesos claros puede llegar a convertir el sistema en una autoritarismo; donde únicamente restaría la intervención de un actor externo, como la UE, para dar freno a esta desmedida ambición.

Irán

Desde hace décadas Irán inicio una expansión internacional, donde la distancia y la lejanía cultural lo identificaría como ajeno a cualquier interés. La historia se ha corregido e Irán a cruzado hasta los océanos para acercarse al poder hegemónico que irradia Estados Unidos y ha cimentado sus interese en América Latina, convirtiéndola en una prioridad internacional, y desde mediados de los 80's su penetración en el continente americano ha buscado que sea mayor. (Información., 2012). Alberto Priego concentra básicamente cinco interés de Irán en América Latina, veámoslo mediante el siguiente recuadro. (Priego, La influencia de Irán (e Hizbulá) en América Latina, 2022):

La influencia de Irán en América Latina.		
Fecha y Autor	**Tema**	**Descripción del acontecimiento**
		Incremento de la influencia internacional. Si nos centramos en

| 4 de Oct. De 2022

Alberto Priego

(Priego, La influencia de Irán (e Hizbulá) en América Latina, 2022) | Intereses de Irán en América Latina, destacando los principales fines que Irán persigue en el hemisferio. | *América Latina, no podemos olvidar que esta región es una zona geográfica con dos asientos entre los miembros no permanentes del Consejo de Seguridad de la ONU, lo que le otorga el 20 % de los votos, algo que es de vital importancia para un Estado como Irán que está constantemente sometido al escrutinio de este órgano.*

Desestabilizar EE. UU.
Para Estados Unidos el continente americano es crucial para su seguridad y proyección internacional, por ello, Irán ha encontrado en el continente americano |

		su talón de Aquiles. La idea fundamental de Teherán es intentar que Washington se sienta inseguro y que tenga que centrar esfuerzos en su propio continente reduciendo por tanto su presencia en Oriente Medio.
		Conseguir divisas, generando activos. Derivado de su aislamiento internacional, Irán sufre una carencia casi estructural de recursos. A pesar de ser uno de los Estados del mundo con mayores reservas de hidrocarburos, las enemistades y las sanciones internacionales provocan que Irán tenga que buscar fuentes de financiación alternativas.

La influencia de Irán en América Latina.

Fecha y Autor	Tema	Descripción del acontecimiento
4 de Oct. De 2022 Alberto Priego (Priego, La influencia de Irán (e Hizbulá) en América Latina,	Intereses de Irán en América Latina, destacando los principales fines que Irán persigue en el	*Apoderarse de recursos naturales. América Latina es un continente rico en minerales, especialmente en aquellos necesarios para producir armas nucleares. Por encima del resto, el mineral fundamental para la producción de armas nucleares es el uranio. Irán, tiene un ambicioso programa nuclear que necesita alimentar con uranio, un material que está presente en Venezuela, Bolivia,*

2022)	*hemisferio.*	*Brasil, Argentina y Perú. Las reservas de uranio de América Latina son un objetivo de Teherán , aunque además de este mineral, Irán también persigue otros como el torio o el litio , dos minerales de gran utilidad para la producción de misiles.*
		Reclutar personas y entrenarlas para fines violentos. *La presencia de Hizbuláen América Latina no es ni mucho menos nueva, ya que se remonta a los años 90. Desde entonces la milicia proiraní está presente en diversos países de América Latina, ya sea como Hizbulá o como franquicias del grupo libanés. Al grupo de origen libanés se le ha acusado del*

		reclutamiento y posterior entrenamiento de ciudadanos latinoamericanos para cometer atentados terroristas como los cometidos contra la Embajada de Israel en Buenos Aires en 1992.

Esta compleja red de recursos, desplegada a kilómetros de distancia de Irán, sirve para que el país persa pueda alcanzar sus fines en política exterior en un territorio como América Latina, donde las condiciones de desigualdad, pobreza y desencanto se convierten en ideas.

Dentro del escenario actual 2022 en que el mundo vivió una situación internacional enormemente conflictiva e inestable. Irán no estuvo ajeno a la geopolítica regional y global, dado que mantuvo una mayor cercanía a Moscú. (Meschoulam M. , Protestas masivas en Irán: Cinco escenarios, 2022). Durante el año del conflicto Putin realizo un importante acercamiento en el marco de la reunión de Samarcanda, con el presidente iraní, Ebrahim Raisi, quien fuera el único país observador que tenia casi ultimado el proceso de adhesión a la Organización de Cooperación de Shanghái (OCS). Ahí se daba una más de las sinergias entre Raisi y Putin, afirmando el primero que, "la relación entre los países sancionados por Estados Unidos, como Irán, Rusia u otros países, podían superar muchos problemas y cuestiones y hacerce más fuertes, en conjunto". Irán solicitó su ingreso en la OCS en 2008, pero su candidatura se vio frenada por estar sujeto a sanciones de la ONU y Estados Unidos, pero en septiembre del 2021, los miembros de la organización reunidos en Dushanbé, la capital de Tayikistán, decidieron dar luz verde al ingreso del país centroasiático. (Mañueco, 2022).

Finalmente podemos concluir que el escenario de Irán no ha cambiado, ni se percibe que pueda cambiar cuando menos a corto plazo, dado que continua enviando mensajes claros de su interés por destruir a Israel y alejar a los Estados Unidos como una obsesión desde la consolidación en el poder del régimen islamista en la década de los ochenta, y la fijación de tal objetivo no es solo retórica, sino que la política exterior y de

seguridad y defensa continúan claramente
orientadas a su consecución. (Sanz, 2022).

Anexos

Anexo I
(Sushentsov, 2022).

Hoy asistimos a una transición a la segunda fase de la crisis de Ucrania. La determinación de Rusia de ganar es muy significativa. A pesar del agotamiento de los recursos propios de Ucrania, el apoyo occidental no se debilita. Esto hace que la transición de la confrontación político-militar entre Rusia y Occidente a 2023 sea altamente probable, escribe el Director del Programa del Club Valdai, Andrey Sushentsov.

La crisis de Ucrania es una de las crisis políticas internacionales más multidimensionales del siglo pasado. La complejidad del conflicto lo hace especialmente difícil de analizar y predecir. Es por eso que lo que sucede hoy obliga a los analistas a buscar nuevos modelos de análisis y, al hacer pronósticos, ser cuidadosos en la evaluación de lo que sucede. Los aspectos internos de la crisis incluyen un conflicto sociocultural no resuelto entre dos grupos cívico-políticos con objetivos directamente opuestos para el desarrollo del estado ucraniano: en el oeste y el este de Ucrania.

El círculo de participantes en la crisis incluye seis grupos de actores que persiguen diferentes objetivos políticos. Ellos son: los Estados Unidos, los países de la llamada "Nueva Europa" (Gran Bretaña, Polonia, los países bálticos, la República Checa, Eslovaquia), los países de Europa Occidental (Italia, Francia, Alemania), el estado de unión de Rusia y Bielorrusia, y un grupo de países occidentales, a los que llamamos "puertas de entrada" (Turquía y Hungría), así como la propia Ucrania.

En la primera etapa de la crisis, la estrategia de cada grupo de estados fue muy diferente. Estados Unidos pretendía provocar a Rusia a usar la fuerza y, al agotar los recursos de Moscú, retirarla de la "primera liga" de potencias en la política mundial. La estrategia de EE. UU. también pretendía privar a la Unión Europea de autonomía estratégica mediante la represión de las élites políticas independientes y la reducción radical de la base de recursos para una política exterior independiente y pragmática.

La estrategia de los países de la Nueva Europa se puede describir usando la metáfora "Lord Ismay 2.0": cerrar permanentemente el acceso de Rusia a los asuntos de Europa, asegurar de manera confiable una presencia estadounidense en Europa del Este y también disuadir los impulsos de autonomía entre los países de Europa occidental. Estos últimos no siguieron un rumbo unívoco y la crisis los tomó totalmente por sorpresa.

"Ante las "vacaciones del pensamiento estratégico" que tomaron las élites de estos países hace varias décadas, afrontaron las primeras semanas de la crisis con mucha confusión".

Como resultado, los países de Europa Occidental en realidad delegaron el establecimiento de objetivos en el estallido de la crisis a los Estados Unidos, los países de la Nueva Europa y Gran Bretaña.

Los "países de entrada", Turquía y Hungría, profesaban una estrategia de oportunismo y autonomía estratégica. Estaban buscando formas de ganar lo más posible del conflicto *ucraniano, ya sea político (en la lucha contra Bruselas y Washington) o económico, actuando como puerta de entrada para la continuación de la interacción ruso-europea.*

Ucrania comenzó a seguir una estrategia de "Cuba 2.0", cuyo objetivo era la supervivencia del proyecto político de Ucrania occidental a toda costa. Así como en el punto álgido de la Crisis de los Misiles en Cuba, Fidel Castro llamó a la URSS a lanzar un ataque nuclear contra los Estados Unidos en nombre de los objetivos de supervivencia del proyecto comunista, el liderazgo actual en Kiev también está listo para partir. completamente.

¿Es Ucrania una Cuba de Europa del Este al revés?

El objetivo de Rusia era eliminar el punto de apoyo militar amenazante en Ucrania, mientras gastaba económicamente los recursos disponibles; obligar a Occidente a negociar una nueva arquitectura de seguridad en Europa; romper la interdependencia económica asimétrica con Occidente y, finalmente, consolidar la "mayoría mundial" en la plataforma de combate al neocolonialismo occidental.

El otoño de 2022 nos permite resumir la eficacia de la estrategia de cada grupo de actores en la crisis que se desarrolla. El éxito de Estados Unidos se puede atribuir al hecho de que el gobierno ucraniano no colapsó en los primeros meses de hostilidades. Washington logró una ruptura definitiva en las relaciones de Rusia con la Unión Europea y consolidó el control sobre las naciones clave del continente europeo. Los fracasos de Estados Unidos incluyen el hecho de que, a pesar de la enorme presión, Moscú continúa con operaciones militares activas con recursos relativamente limitados y retiene la iniciativa en la crisis en desarrollo.

Los países de la "Nueva Europa" han logrado que Estados Unidos se sumerja activamente en los asuntos europeos. También han logrado una consolidación política interna de sus gobiernos para abrazar la política antirrusa, lo que compensa en parte el descontento de la población por la caída de los niveles de vida. Los fracasos de la "Nueva Europa" incluyen profundas crisis económicas, sociales y migratorias; aún no está claro cómo lo compensarán. Es probable *que los países de la "Nueva Europa" estén planeando buscar recursos para mitigar las consecuencias de estas crisis utilizando fondos rusos congelados o ayuda de los países de la "Vieja Europa".*

Los éxitos estratégicos de los países de Europa occidental no son evidentes. Berlín, París y Roma se enfrentan a crisis económicas y energéticas sin precedentes, inflación galopante y riesgos de desestabilización política en medio de políticas económicas fallidas. Estos riesgos se han visto significativamente exacerbados por el hecho de que los ciudadanos pagan la prolongación de la crisis con su propio dinero. Hay una pérdida de iniciativa de la "Vieja Europa" en el desarrollo de la crisis, que ha sido interceptada por Estados Unidos y la "Nueva Europa". Las declaraciones de Bravura de que la transición a una economía verde ahora será inevitable no están respaldadas por ningún argumento inteligible. Un retorno del interés en su industria militar nacional puede interpretarse como un éxito relativo, pero por lo demás, los parámetros de éxito para este grupo de países son difíciles de determinar.

Los "países de entrada", Hungría y Turquía, han actuado con más éxito. Han aumentado su autonomía frente a Washington y Bruselas, y también se ofrecen como plataformas para las negociaciones diplomáticas tras el conflicto, lo que potencia su peso político internacional. No siguieron su curso sin riesgos: la presión externa de los aliados está aumentando contra ellos para "devolver a Ankara y Budapest a la línea correcta". La Unión Europea amenaza con dejar de subvencionar la economía húngara, mientras que Estados Unidos impone sanciones a Turquía y suministra armas a Grecia.

Ucrania actúa como participante activo en la crisis y como campo de batalla entre Rusia y Occidente. El éxito de Ucrania se puede atribuir a la supervivencia del gobierno de Zelensky, la consolidación de su control sobre la vida del país y su capacidad para sacar a la oposición del campo político. En el exterior, la continuación sistemática de la asistencia internacional a Ucrania garantiza victorias tácticas en el campo de batalla y mantiene la imagen de un país resistente que necesita apoyo. Las pérdidas para Ucrania son más significativas: el colapso económico, la pérdida de una parte importante de su territorio y población, así como la incapacidad de realizar operaciones militares confiando únicamente en sus propias fuerzas, todo esto pone en duda la viabilidad futura de la incluso dentro de las nuevas fronteras actuales.

Rusia, durante los últimos seis meses de la campaña militar, ha eliminado la mayor parte de los recursos militares propios de Ucrania, así como los medios del país para producir más. El resultado de este éxito en la primera etapa de las hostilidades fue la adición de un nuevo territorio por parte de Rusia con una población de muchos millones, así como la provisión de un corredor terrestre estratégicamente importante entre Rusia y Crimea. Moscú logró consolidar gran parte de la comunidad internacional que no se unió a Occidente apelando a la lucha contra el neocolonialismo. Sus fracasos en la primera etapa incluyen la falta de una victoria decisiva y la prolongación de las hostilidades, lo que hace que las negociaciones con los líderes occidentales sobre el futuro del sistema de seguridad europeo sean una perspectiva más lejana. Aunque los viejos cimientos del modelo económico de relaciones entre Rusia y Europa se han roto, aún no se vislumbran nuevos, y sus contornos comenzarán a emerger solo después de que la crisis entre en una fase decisiva. En la situación actual, Rusia asume que el tiempo está de su lado; por eso no quita la prioridad de gastar económicamente los fondos en la conducción de las operaciones militares.

Hoy asistimos a una transición a la segunda fase de la crisis de Ucrania. La determinación de Rusia de ganar es muy significativa. A pesar del agotamiento de los recursos propios de Ucrania, el apoyo occidental no se debilita. Esto hace que la transición de la confrontación político-militar entre Rusia y Occidente a 2023 sea altamente probable. ¿Cuáles serán sus parámetros? Hasta ahora, Estados Unidos ha logrado movilizar a la UE para que apoye a Ucrania, pero a medida que la crisis se prolongue, la voluntad de los europeos de continuar la confrontación inevitablemente se desvanecerá. Los "países de puerta de enlace" están buscando una manera de aumentar la autonomía estratégica, así como encontrar un equilibrio favorable entre Rusia y Occidente. La posición de las autonomías de Turquía y Hungría, así como el horizonte de agotamiento de los recursos de los aliados de

Ucrania, determinarán el desarrollo de la crisis en 2023.

Anexo II
(DS-USA, 2022).

Ficha informativa: Estrategia de Seguridad Nacional del gobierno Biden-Harris

La Casa Blanca
12 de octubre de 2022

La Estrategia de Seguridad Nacional del presidente Biden describe cómo Estados Unidos se propone promover nuestros intereses fundamentales y contribuir a un mundo libre, abierto, próspero y seguro. Emplearemos todos los elementos de nuestro poder nacional con los que contamos para superar a nuestros competidores estratégicos, responder a los desafíos que tenemos en común y definir las condiciones.

La Estrategia se basa en nuestros intereses nacionales, a saber: proteger la seguridad del pueblo estadounidense, generar más oportunidades económicas y hacer realidad y defender los valores democráticos que son esenciales al estilo de vida estadounidense. En aras de dichos objetivos, nos proponemos hacer lo siguiente:

• *Invertir en las fuentes subyacentes y las herramientas del poder y la influencia estadounidenses;*

• *Construir la coalición de naciones más sólida posible para potenciar nuestra capacidad de influencia colectiva a efectos de configurar el entorno estratégico global y resolver desafíos en común; y*

• *Modernizar y fortalecer a nuestras fuerzas militares con el fin de prepararlas para la era de la competencia estratégica.*

COOPERACIÓN EN LA ERA DE LA COMPETENCIA

*En los primeros años de esta década decisiva,
se establecerán las condiciones de la
competencia geopolítica y, al mismo tiempo,
se acotará la ventana de oportunidades para
afrontar los desafíos compartidos. No
podremos competir con éxito para configurar
el orden internacional a menos que tengamos
un plan proactivo para abordar los desafíos en
común, y para eso debemos reconocer el modo
en que una mayor competencia afecta la
cooperación y actuar en consecuencia.*

*Competencia estratégica. El desafío
estratégico más apremiante que enfrentamos
en el objetivo de lograr un mundo libre,
abierto, próspero y seguro, son los poderes
que combinan la gestión autoritaria con una
política exterior revisionista.*

*• Nos proponemos competir de manera eficaz
con la República Popular China, que
representa el único competidor que tiene la
intención y, cada vez más, la capacidad de
redefinir el orden internacional, y al mismo
tiempo contener a una Rusia peligrosa.*

*• La competencia estratégica es global, pero
no sucumbiremos a la tentación de ver al*

mundo únicamente desde una óptica competitiva, y nos proponemos interactuar con los países en sus propios términos.

Desafíos compartidos. Si bien esta competencia ya existe, en todo el mundo las personas enfrentan dificultades para lidiar con los efectos de desafíos compartidos que trascienden las fronteras de los países, como el cambio climático, la inseguridad alimentaria, las enfermedades transmisibles o la inflación. Estos retos compartidos no son cuestiones marginales que resulten secundarias a la geopolítica. Son absolutamente centrales a nuestra seguridad nacional e internacional y deben ser tratados como tales.

• *Estamos conformando la coalición más fuerte y extensa de naciones con el objeto de reforzar nuestra capacidad colectiva para superar estos desafíos y responder a las necesidades del pueblo estadounidense y de los demás pueblos del mundo.*

• *Con el fin de incrementar la cooperación internacional en una época de competencia, adoptaremos un enfoque dual. Por un lado, trabajaremos con todos los países, incluidos nuestros competidores, que estén dispuestos a abordar de manera constructiva las dificultades compartidas dentro del orden internacional basado en normas y, al mismo tiempo, trabajaremos para fortalecer a las instituciones internacionales. Paralelamente a esto, vamos a profundizar la cooperación con las democracias que son centrales a nuestra coalición, y formaremos un entramado de relaciones fuertes, resilientes y mutuamente provechosas para demostrar que las democracias pueden responder a las necesidades de sus pueblos y del mundo.*

INVERTIR EN EL PAÍS
El gobierno Biden-Harris ha desarticulado la línea divisoria entre política interior y exterior debido a que la fortaleza dentro de nuestro país y en el extranjero están inescindiblemente ligadas. Las dificultades de nuestra época, que van desde la competencia estratégica hasta el cambio climático, nos exigen hacer inversiones que perfeccionen nuestra ventaja competitiva y consoliden nuestra resiliencia.

• Nuestra democracia es un aspecto central de quiénes somos e implica un proceso en constante desarrollo. Nuestro sistema de

gobierno consagra el Estado de derecho y propugna que se protejan la igualdad y la dignidad de todas las personas. Al tiempo que nos esmeramos por estar a la altura de nuestros ideales, aceptar nuestras falencias y remediarlas, esperamos servir de inspiración para que otros en el mundo hagan lo mismo.

• *Estamos complementando el potencial innovador del sector privado con una estrategia industrial moderna que efectúa inversiones públicas estratégicas en nuestra fuerza laboral, sectores estratégicos y cadenas de suministro, particularmente en las tecnologías críticas y emergentes.*

• *Un sector militar estadounidense poderoso contribuye a promover y preservar los intereses nacionales de EE. UU., apoyando la diplomacia, haciendo frente a las agresiones, disuadiendo los conflictos, proyectando fortaleza y protegiendo al pueblo estadounidense y sus intereses económicos. Estamos modernizando nuestras fuerzas militares, promoviendo tecnologías avanzadas e invirtiendo en nuestro personal de defensa para que Estados Unidos esté en mejores en condiciones de defender nuestra patria, nuestros aliados, socios e intereses en el extranjero, así como nuestros valores en el mundo.*

NUESTRO LIDERAZGO PERMANENTE
Estados Unidos mantendrá su rol de liderazgo con determinación y fortaleza, potenciando nuestras ventajas nacionales y el poder de nuestras alianzas y asociaciones. Tenemos vasta experiencia transformando los desafíos en el país y el extranjero en oportunidades de promover reformas y renovaciones en nuestra nación. La idea de que debemos competir con grandes potencias autocráticas para configurar el orden internacional goza de amplio apoyo bipartidista en el país y cada vez se afianza más en el extranjero.

• Nuestras alianzas y asociaciones en todo el mundo son nuestro activo estratégico más importante, que nos proponemos afianzar y modernizar en beneficio de nuestra seguridad nacional.

• Consideramos prioritaria la extensión del tejido conectivo con respecto a tecnología y seguridad entre nuestros aliados y socios democráticos en el Indo Pacífico y Europa, dado que reconocemos que generan beneficios

recíprocos y que los destinos de las dos regiones están entrelazados.

• Estamos estableciendo nuevas disposiciones para profundizar las relaciones económicas con nuestros socios y estamos configurando las reglas para generar condiciones más equitativas y posibilitar que prosperen las empresas y los trabajadores de Estados Unidos, así como los de nuestros aliados y socios en el mundo.

• Al afianzar nuestras asociaciones en todo el mundo, apostamos a que el futuro se configure con más democracia, y no menos. Sabemos que la autocracia es fundamentalmente frágil, mientras que la capacidad intrínseca de la democracia de corregir el rumbo de manera transparente favorece la resiliencia y el progreso.

INTERACCIÓN PROACTIVA
Estados Unidos es una potencia mundial con intereses globales y somos más fuertes en cada región como resultado de nuestra interacción con otros. Estamos impulsando una agenda proactiva para favorecer la paz y la seguridad y para promover la prosperidad en todas las regiones.

• *Como potencia del Indo Pacífico, Estados Unidos tiene un interés fundamental en lograr que la región tenga apertura, interconexión, prosperidad, seguridad y resiliencia. Nos planteamos metas ambiciosas porque sabemos que nosotros y nuestros aliados y socios tenemos una visión común para el futuro de la región.*

• *Con una relación afianzada en valores democráticos compartidos, intereses en común y lazos históricos, el vínculo transatlántico es una plataforma vital sobre la cual se erigen muchos otros elementos de nuestra política exterior. Con el propósito de impulsar con eficacia una agenda global en común, estamos ampliando y profundizando el nexo transatlántico.*

• *El impacto directo que el hemisferio occidental tiene en Estados Unidos es mayor al que ejerce cualquier otra región y, por tal motivo, insistiremos en reanudar y profundizar esas alianzas para impulsar la resiliencia económica, la estabilidad democrática y la seguridad ciudadana.*
• *Una mayor integración en Medio Oriente que empodere a nuestros aliados y socios*

promoverá la paz y la prosperidad regionales y, al mismo tiempo, disminuirá la demanda de recursos que la región plantea a Estados Unidos en el largo plazo.

• El dinamismo, la innovación y el crecimiento demográfico de África hacen que la región ocupe un lugar central en la respuesta a problemas globales complejos.

El documento original puede ser consultado en: Para ver el texto original, ir a: https://www.whitehouse.gov/briefing-room/statements-releases/2022/10/12/fact-sheet-the-biden-harris-administrations-national-security-strategy/

Bibliografía

Álvaro, G.-R. (2015, November 1). Cuadernos de Estrategia 178 Rusia bajo el liderazgo de Putin. La nueva estrategia rusa a la búsqueda de su liderazgo regional y el reforzamiento como actor global. Retrieved from ieee.es - Instituto Español de Estudios Estratégicos: https://www.ieee.es/Galerias/fiche ro/cuadernos/CE_178.pdf

Çalkaya, M. (2020, Julio 18). Turquía: Nuestra industria de defensa está siempre a disposición de Azerbaiyán. Retrieved from Anadolu Agency: https://www.aa.com.tr/es/turqu% C3%ADa/turqu%C3%ADa-nuestra-industria-de-defensa-está-siempre-a-disposición-de-azerbaiyán/1914391

3-YKA. (2010, Enero 28). Seguridad Nacional Rusa. Retrieved from YKA 3: http://www.scrf.gov.ru/media/files

*/file/l4wGRPqJvETSkUTYmhepzRoc
hb1j1jqh.pdf*

*AFP. (2022, Enero 24). Putin y Díaz-Canel
hablan por teléfono de fortalecer
"asociación estratégica". Retrieved
from France 24:
https://www.france24.com/es/min
uto-a-minuto/20220124-putin-y-
d%C3%ADaz-canel-hablan-por-
teléfono-de-fortalecer-asociación-
estratégica*

*Arak, P. (2022, Noviembre 8). Respuesta
de Polonia a la crisis de refugiados.
Retrieved from Poleitica Exterior:
https://www.politicaexterior.com/r
espuesta-de-polonia-a-la-crisis-de-
refugiados/*

*Arcesati, R., & Hmaidi, A. (2022,
Noviembre 3). La guerra
tecnológica entre EEUU y China
obliga a la industria y a los aliados
a tomar decisiones difíciles.
Retrieved from Poleitica Exterior:
https://www.politicaexterior.com/l
a-guerra-tecnologica-entre-eeuu-y-
china-obliga-a-la-industria-y-a-los-
aliados-a-tomar-decisiones-
dificiles/*

Arteaga, F. (2014, Julio 21). El derribo del Boeing 777 de Malaysian Airlines sobre Ucrania: Moscú, tienes un problema. Retrieved from Real instituto elcano - Royal Institute: https://www.realinstitutoelcano.or g/comentarios/el-derribo-del-boeing-777-de-malaysian-airlines-sobre-ucrania-moscu-tienes-un-problema/

Arteaga, F. (2014, Marzo 3). Ucrania en crisis: errores de cálculo y errores calculados. Retrieved from Real Instituto elcano -Royal Institute: https://www.realinstitutoelcano.or g/comentarios/ucrania-en-crisis-errores-de-calculo-y-errores-calculados/

Arteaga, F. (2015, Febrero 4). La "gota" rusa, Ucrania y la confrontación rusa con Occidente. Retrieved from Real Instituto elcano - Royal Institute: https://www.realinstitutoelcano.or g/comentarios/la-gota-rusa-ucrania-y-la-confrontacion-rusa-con-occidente/

Barah, M. (2012). *Religión y política en las transiciones árabes" en Fundacion para las Relaciones Internacionales y el Diálogo Exterior. FRIDE* http://www.fride.org/., 74.

Bat, Y. (2007). *Los cristianismos de Oriente: entre la yihad y la dhimmitud siglo VII-XX. París: Ediciones Jean-Cyrille Godefroy.*

Bateman, J. (2022, Octuber 22). *Biden Is Now All-In on Taking Out China: The U.S. president has committed to rapid decoupling, whatever the consequences. Retrieved from Foreign Policy:* https://foreignpolicy.com/2022/10 /12/biden-china-semiconductor-chips-exports-decouple/

Becker, T., Eichengreen, B., Gorodnichenko, Y., & Guriev, S. (2022, April 8). *A Blueprint for the Reconstruction of Ukraine. Retrieved from CEPR NEWS:* https://cepr.org/about/news/bluep rint-reconstruction-ukraine

Bezares Buenrostro, H. E. (2013). *"Omnisciencia Tecnomilitar y Filosofía de la Guerra para el Segundo Siglo Americano", en*

Orozco, José Luis y Gallegos Olvera, Jesús (coords.), Estados Unidos: ¿Una Hegemonía del Fin del Mundo? Mexico: Ediciones del Lirio.

Biscop, S., Siman, B., & Gehrke, T. (2022, April 26). Tanks versus Banks: Russian Military versus EU Geoeconomic Power. Retrieved from EU and strategic partners, EU strategy and foreign policy, Europe in the world: https://www.egmontinstitute.be/ta nks-versus-banks-russian-military- versus-eu-geoeconomic-power/

Blanc, A. (2008). Europa Oriental: en la encrucijada entre la Unión Europea y la Federa- ción Rusa. Lleida: Universitat de Lleida.

Blank, S. (2020, April 1). Improvisation and Adaptability in the Russian Military: A Report of the CSIS Russia and Eurasia Program. Retrieved from CSIS - Center for Strategic & International Studies: https://csis- website- prod.s3.amazonaws.com/s3fs- public/publication/200430_Mankof

*f_Russian%20Military_web_v3_UPD
ATED%20FINAL.pdf*

*Bocanegra, J. (2019, Mayo 25). Un cuento
de autoritarismo y zanahorias: por
qué Turquía nunca entrará en la
UE. Retrieved from El Confidencial.:
https://www.elconfidencial.com/m
undo/europa/2019-05-
25/erdogan-turquia-ue-adhesion-
rusia-elecciones-brexit_2017482/*

*Bonet, P. (2013, Septiembre 9). Siria
abraza la propuesta rusa para
desactivar un ataque internacional.
Retrieved from El País:
http://internacional.elpais.com/int
ernacional/2013/09/09/
actualidad/1378749132_247125.ht
ml*

*Bonet, P. (2017, Noviembre. 27). Cambio
de cromos en Ucrania. Retrieved
from El País:
https://elpais.com/internacional/2
017/11/26/actualidad/151172609
6_971233.html*

*Bown, C. P. (2022, November 7). Russia's
war on Ukraine: A sanctions
timeline. Retrieved from PIIE:
https://www.piie.com/blogs/realti*

me-economics/russias-war-ukraine-sanctions-timeline

Breczko, A. (2013). *Los Estados Unidos: entre crisis y hegemonía", en Orozco, José Luis y Gallegos Olvera, Jesús (coords.), Estados Unidos: ¿Una Hegemonía del Fin del Mundo? Mexico: Ediciones del Lirio.*

Brzezinski, Z. (1998). *El Gran Tablero Mundial. La supremacía estadounidense y sus imperativos geoestratégicos. Barcelona: Ediciones Paidós.*

Bugayova, N. (2019, March 1). *HOW WE GOT HERE WITH RUSSIA: THE KREMLIN'S WORLDVIEW. Retrieved from ISW: https://www.understandingwar.or g/sites/default/files/ISW%20Repor t_The%20Kremlin's%20Worldview_ March%202019.pdf*

Buttá, G. (2013). *Estados Unidos y Europa: El Futuro de la OTAN", Traducido por María Rita Díaz Ferrano en Orozco, José Luis y Gallegos Olvera, Jesús (coords.), Estados Unidos: ¿Una Hegemonía del Fin del Mundo?*

(c. p.-1. Notas referenciadas de: Rita Di Leo, Ed.) México: Ediciones del Lirio.

Buzan, B., & Hansen, L. (2009). The Evolution of International Security Studies. Nueva York: ambridge University Press.

Calvo, J. (2022, Junio 21). Exportaciones de armas rusas en los países MENA. Retrieved from Poleitica Exterior: https://www.politicaexterior.com/ articulo/exportaciones-de-armas-rusas-en-los-paises-mena/

Center, L. (2022, June 30). The Conflict With Ukraine. Retrieved from Levada.ru -Diplomacia Francesa: https://www.levada.ru/2022/06/3 0/konflikt-s-ukrainoj-3/print/

CEUE. (2022, Marzo-Octubre 1). Cronología - Medidas restrictivas de la UE contra Rusia por sus actos en Ucrania. Retrieved from Consejo Europeo Consejo de la Unión Europea: https://www.consilium.europa.eu/e s/policies/sanctions/restrictive-measures-against-russia-over-ukraine/history-restrictive-

measures-against-russia-over-
ukraine/

Christoffersen, G. (2010). *Russia's
Breakthrough into the Asia-Pacific:
China's Role. International
Relations of the Asia-Pacific, vol. 10,
no 1, pp. 2; 85- 86.*

Cohen, A. (2018). *Russia's Nord Stream II
pipeline is Ukraine's worst
nightmare. Forbes, 18/VI/2018.*

Colás, X. (2018, Enero 28). *Ucrania, la
guerra olvidada de Europa.
Retrieved from El Mundo:
https://www.elmundo.es/internaci
onal/2018/01/28/5a6c6f1222601d
83698b45c1.html*

Colás, X. (2022, Junio 10). *El pasado de
Rusia a los mandos de su futuro.
Retrieved from Política Exterior:
https://www.politicaexterior.com/
articulo/el-pasado-de-rusia-a-los-
mandos-de-su-futuro/*

Condon, B. (2022, Octubre 31). *Fuentes:
Rusia recluta comandos afganos
entrenados por EEUU. Retrieved
from The San Diego Union-Trubune:
https://www.sandiegouniontribune*

.com/en-
espanol/noticias/story/2022-10-
31/fuentes-rusia-recluta-
comandos-afganos-entrenados-por-
eeuu

*Correa Serrano, M. A. (2013). China y
Estados Unidos. De la cooperación
al conflicto: En Estados Unidos: Una
Hegemonia del fin del mundo?, Por
José Luis Orozco y Jesús Gallegos
Olvera. México D.F.: Ediciones del
Lirio.*

*Council, E.-E. (2014, July 16). Special
meeting of the European Council
Wednesday, 16 July in Brussels.
Retrieved from Press EN: https://es-
ue.org/wp-
content/uploads/2014/07/NP2014
0716.pdf*

*Cuenca Toribio, J. M. (1997, Agosto 1).
Gorbachov, Mijail, 1931.Memorias--
Crítica e interpretación Políticos--
Rusia. Retrieved from Biblioteca
Emilio Rodríguez Demorizi:
https://opacbiblioteca.intec.edu.do
/cgi-bin/koha/opac-
ISBDdetail.pl?biblionumber=57884*

*De Faramiñán Gilbert, J. M. (2014,
Diciembre 30). Ucrania, sobre la*

línea roja. Retrieved from Real Instituto elcano - Royal Institute: https://www.realinstitutoelcano.or g/documento-de-trabajo/ucrania-sobre-la-linea-roja/

De la Cámara, M. (2012). Rusia en la sociedad internacional Perspectivas tras el retorno de Putin: La política exterior de Rusia tras las elecciones presidenciales de 2012. Madrid, España.: Departamento de Estudios Internacionales Facultad de Ciencias Políticas y Sociología Universidad Complutense de Madrid.

De la Torre Muñoz, R. (2022, Octubre 31). La OSCE, Rusia y Ucrania: una organización desbordada por un conflicto inabarcable. Retrieved from Instituto Español de Estudios Estrategicos - ieee.es: https://www.ieee.es/Galerias/fiche ro/docs_opinion/2022/DIEEEO95_2 022_RODTOR_Rusia.pdf

De Sousa Santos, B. (2022, April 12). EUROPE: THE RETURN TO THE PERIPHERY OF THE WORLD.

Retrieved from Other News: Voices
against the tide:
https://www.other-
news.info/europe-the-return-to-
the-periphery-of-the-world/

Díaz Galán, E. C. (2019, Diciembre 1). El
papel de la Organización para la
Seguridad y Cooperación en Europa
(OSCE) en la crisis de Ucrania:
referencia a la Misión Especial de
Observación. Retrieved from evista
Electrónica de Estudios
Internacionales, n.o 38, p. 19:
http://www.reei.org/index.php/rev
ista/num38/notas/papel-
organizacion-para-seguridad-
cooperacion-europa-osce-crisis-
ucrania-referencia-mision-especial-
observacion

Dickinson, P. (2021, April. 5). Is Putin
About to Launch a New Offensive?
Retrieved from Real Clear World:
https://www.realclearworld.com/2
021/04/05/is_putin_about_to_launc
h_a_new_offensive_771366.html

Dikotter, F. (2010). Mao's Great Famine:
The History of China's Most
Devastating Catastrophe. Londres.:
Bloomsbury.

DS-USA. *(2022, Octubre 12). Ficha informativa: Estrategia de Seguridad Nacional del gobierno Biden-Harris. Retrieved from U.S. Departament of State: https://www.state.gov/translations /spanish/ficha-informativa- estrategia-de- %E2%81%A0seguridad-nacional- del-gobierno-biden-harris/*

EFE. *(2016, Enero 15). La ejecucion de un clerigo chii y otros 46 reos en arabia saudi despierta ira. Retrieved from EFE.COM: https://www.efe.com/efe/america/ portada/la-ejecucion-de-un-clerigo- chii-y-otros-46-reos-en-arabia- saudi-despierta-ira/20000064- 2801947*

Ehrhard, T. P. *(2019, Octuber 30). Treating the Pathologies of Victory: Hardening the Nation for Strategic Competition. Retrieved from heritage.org: https://www.heritage.org/military- strength-topical-essays/2020- essays/treating-the-pathologies-*

victory-hardening-the-nation-
strategic

Escribano, G. (2014, Febrero 24). *Gas ruso
para Ucrania: ¿natural o
lacrimógeno? Retrieved from Real
Instituto elcano -Royal Institute:
https://www.realinstitutoelcano.or
g/comentarios/gas-ruso-para-
ucrania-natural-o-lacrimogeno/*

Espí, J. A., & De la Torre Palacios, L. (2018,
Septiembre 10). *Predicción del
comportamiento en el suministro
seguro de los metales de interés
energético: la actualidad del litio,
cobalto y grafito. Retrieved from
Real Instituto elcano- Royal
Institute:
https://www.realinstitutoelcano.or
g/analisis/prediccion-del-
comportamiento-en-el-suministro-
seguro-de-los-metales-de-interes-
energetico-la-actualidad-del-litio-
cobalto-y-grafito/*

Espí, J. A., & De la Torre Palacios, L. (2022,
Julio 6). *Posibles efectos de la
guerra Rusia-Ucrania en el
mercado de las materias primas:
los recursos minerales. Retrieved
from Real Instituto elcano - Royal*

*Institute:
https://www.realinstitutoelcano.or
g/analisis/posibles-efectos-de-la-
guerra-rusia-ucrania-en-el-
mercado-de-las-materias-primas-
los-recursos-minerales/*
Esteban, M. (2015, Octubre 21). *China en
América Latina: repercusiones para
España. Retrieved from Real
Instituto elcano -Royal Institute:
https://www.realinstitutoelcano.or
g/documento-de-trabajo/china-en-
america-latina-repercusiones-para-
espana/*
Esteban, M. (2022, Febrero 28). *Algunas
incongruencias de la posición china
en Ucrania. Retrieved from Real
Instituto elcano - Royal Institute:
https://www.realinstitutoelcano.or
g/algunas-incongruencias-de-la-
posicion-china-en-ucrania/*
Exterior, P. (2022, Septiembre 22). *Agenda
Exterior: ¿y si Ucrania gana?
Retrieved from Política Exterior:
https://www.politicaexterior.com/
agenda-exterior-y-si-ucrania-gana/*

Fanjul, E. (2022, Marzo 25). La guerra de Ucrania acelerará los cambios en la globalización. Retrieved from Real Instituto elcano - Royal Institute: https://www.realinstitutoelcano.or g/la-guerra-de-ucrania-acelerara-los-cambios-en-la-globalizacion/

Faraldo Jarrillo, J. (2020). El nacionalismo ruso moderno. Madrid: Báltica Ensayo.

Feas, E. (2022, Marzo 2). Los efectos de la invasión de Ucrania sobre la economía española. Retrieved from Real Instituto elcano - Royal Institute: https://www.realinstitutoelcano.or g/comentarios/los-efectos-de-la-invasion-de-ucrania-sobre-la-economia-espanola/

Felgenhauer, P. (2007, Mayo-junio). Russian military: after Ivanov. Perspective, Volume XVII(No 3), http://dcommon.bu.edu/xmlui/bits tream/handle/2144/3641/perspec tive_17 _3_felgenhauer.pdf?sequence=1.

Ferdinand, P. (2007). Russia and China: Converging Responses to Globalization. International Affairs

(Royal Institute of International Affairs;, pp. 655-680 (26 pages).

Ferdinand, P. (2012). Las relaciones ruso-chinas: asociación estratégica ¿y más allá?; Rusia en la sociedad internacional Perspectivas tras el retorno de Putin. Madrid.: Unidad de Investigación sobre Seguridad y Cooperación Internacional Research Unit on International Security and Cooperation.

Ferguson, N. (2011). Civilization: The West and the Rest. London, United Kingdom: Penguin Press by Allen Lane.

Fernández Sola, N. (2014). Ucrania: la patria dividida. Revista de Aeronáutica y Astro- náutica, pp.592-599.

Fernández Sola, N. (2015, Noviembre 1). Las relaciones de la Unión Europea y Rusia desde la perspectiva rusa: Cuadernos de Estrategia 178 Rusia bajo el liderazgo de Putin. La nueva estrategia rusa a la búsqueda de su liderazgo regional y el reforzamiento como actor global.

Retrieved from Instituto Español de
Estudios Estratégicos-ieee.es:
https://www.ieee.es/Galerias/fiche
ro/cuadernos/CE_178.pdf

Ferrer, I. (2014, Julio 28). Rusia,
condenada a indemnizar con
37.000 millones a los accionistas de
Yukos. Retrieved from El País:
https://elpais.com/internacional/2
014/07/28/actualidad/140653890
1_726399.html

Figes, O. (2021). La Revolución rusa.
Bracelona Es.: Penguin Random
House Grupo Edityorial, S.A.U.

Fish, M. (2005). Democracy Derailed in
Russia: The Failure of Open Politics;
R.: "Putin's Leadership: Character
and Consequences", Europe-Asia
Studies, vol. 60, no 6 (2008), pp.
879- 897. Cambridge: Cambridge
University Press.

Fix, L., & Kimmage, M. (2022, March 4).
What If Russia Loses? A Defeat for
Moscow Won't Be a Clear Victory for
the West. Retrieved from Foreign
Affairs:
https://www.foreignaffairs.com/uk
raine/what-if-russia-loses

Fix, L., & Kimmage, M. (2022, February 18.). *What If Russia Wins? A Kremlin-Controlled Ukraine Would Transform Europe.* Retrieved from *Foreign Affairs:* https://www.foreignaffairs.com/articles/ukraine/2022-02-18/what-if-russia-wins

Fix, L., & Kimmage, M. (2022, April 20). *What If the War in Ukraine Doesn't End? The Global Consequences of a Long Conflict.* Retrieved from *Foreign Affairs:* https://www.foreignaffairs.com/articles/russian-federation/2022-04-20/what-if-war-ukraine-doesnt-end

Fojón, E. (2022, Octubre 22). *Ucrania, un punto de vista ruso.* Retrieved from *Global Strategy:* https://global-strategy.org/ucrania-un-punto-de-vista-ruso/

Freedman, L. (2022, April 6). *The Russo-Ukraine War: Phase Two.* Retrieved from *Samf:* https://samf.substack.com/p/the-russo-ukraine-war-phase-two?utm_source=twitter&s=r&mc_c

id=1e9448aa91&mc_eid=0f707b83
74

Fukuyama, F. (1992). El fin de la Historia y
el último hombre. Barcelona.:
Editorial Planeta.

Fuller, J. W. (1998). Strategy and Power in
Russia 1600-1914. Nueva York: Free
Press.

Gabuev, A. (2022, August 9). China's New
Vassal How the War in Ukraine
Turned Moscow Into Beijing's
Junior Partner. Retrieved from
Foreign Affairs:
https://www.foreignaffairs.com/ch
ina/chinas-new-vassal

Galeotti, M. (2019). We Need to Talk About
Putin. UK: Penguin.

García Encina, C. (2022, Marzo. 2).
Discurso sobre el estado de la Unión
2022: ¿Tengo un plan? Retrieved
from Real Instituto elcano - Royal
Institute:
https://www.realinstitutoelcano.or
g/discurso-sobre-el-estado-de-la-
union-2022-tengo-un-plan/

García-Valdecasas, I. (2022, Septiembre
1). Los retos de la guerra de
Ucrania para otoño: El diplomático
García Valdecasas analiza su

'preocupante' situación. Retrieved from El cierre digital: https://elcierredigital.com/investig acion/750908580/retos-guerra-ucrania-otono-embajador-moscu-valdecasas-analiza-preocupante-situacion.html

Garrido Guijarro, Ó. (2022, Junio 7). No habrá paz para los hijos de Abraham: identidades religiosas y conflictos en Oriente Medio. Retrieved from Atalayar: https://atalayar.com/content/no-habra-paz-para-los-hijos-de-abraham-identidades-religiosas-y-conflictos-en-oriente-medio

Garrison, J. A. (2003, May 13). Foreign Policy Analysis in 20/20: A Symposium», International Studies Review. Retrieved from Russian foreign policy: domestic constraints: http://www.iss.europa.eu/uploads/ media/Alert_27_Rus-sian_Public_opinion.pdf

Gerasimov, V. (2015, Abril 16). Peligros y amenazas militares de la*

Federación de Rusia en la situación actual: Intervención del jefe del Estado Mayor de las Fuerzas Armadas de la Federación Rusa en la IV Conferencia internacional de seguridad de Moscú. Retrieved from ENG.MIL: http://eng.mil.ru/files/MCIS2015_b ooklet.pdf.

Glantz, M. (2022, September 15). *Amid Ukraine War, Armenia and Azerbaijan Fighting Risks Broader Conflict With Russia bogged down in Ukraine, its military has limited bandwidth to intervene. Retrieved from United States Institute of Peace: https://www.usip.org/publications /2022/09/amid-ukraine-war-armenia-and-azerbaijan-fighting-risks-broader-conflict*

González Enríquez, C. (2022, Marzo 1). *La invasión de Ucrania y el derecho al refugio en la Unión Europea. Retrieved from Real Instituto elcano - Royal Institute: https://www.realinstitutoelcano.or g/la-invasion-de-ucrania-y-el-*

derecho-al-refugio-en-la-union-europea/

Grachev, A. (2005). *Putin's Foreign Policy Choices. (A. Ed., Ed.) Oxford: Oxford University Press.*

Graham Sumner, W. (1940). *Folkways. A Study of the Sociological Importance of Usages, Manners, Customs, Mores and Morals (1899-1910), Introducción Especial de William Lyon Phelps, A Mentor Book. Nueva York, Toronto y Londres.: The New American Library y he New English Library Limited.*

Graham, T. (2019, December 6). *Let Russia Be Russia: The Case for a More Pragmatic Approach to Moscow. Retrieved from Foreign Affairs.:* https://omnilogos.com/let-russia-be-case-for-more-pragmatic-approach-to-moscow/

Guinea, M., & Rodríguez, V. (2012). *Rusia en la sociedad internacional Perspectivas tras el retorno de Putin: Rusia y la UE en el vecindario común; entre la cooperación y la competencia. Madrid: Departamento de Estudios Internacionales Facultad de Ciencias Políticas y Sociología Universidad Complutense de Madrid.*

Guinea, M., & Rodríguez, V. (2012). Rusia y la UE en el vecindario común: entre la coopera- ción y la competencia: Rusia en la sociedad internacional: pers- pectivas tras el retorno de Putin Madrid. Madrid: Unidad de Investigación sobre Seguridad y Cooperación Internacional Research Unit on International Security and Cooperation.

Hernandez, R. (2006). Las relaciones comerciales entre China y Estados Unidos y el comercio de bienes industriales y agrícolas; implicaciones para México. México y la cuenca del Pacífico, Vol. 9, número 27.

Hillion, C., Blockmans, S., & Lazowski, A. (2006). Russian Federation: The European Union and its Neighbours: A Legal Appraisal of the EU's policies of Stabilisation,

Partnership and Integration. La Haya: TMC Asser Press.

Hirsh, M. (2022, April 29). Biden's Dangerous New Ukraine Endgame: No Endgame. Retrieved from PF: https://foreignpolicy.com/2022/04 /29/russia-ukraine-war-biden-endgame/

Hosking, G. (1997). Russia: People and Empire, 1552-1917. . Massachusetts: Harvard University Press.

Hurtado, L. M. (2020, Febrero 3). Recep Tayyip Erdogan amaga con extender su intervención militar en Siria. Retrieved from El Mundo: https://www.elmundo.es/internaci onal/2020/02/03/5e383845fc6c83 4d418b46ac.html

Iklé, F., & Wohlstetter, A. (1984). Suggested FCI, Introduction to NAW: Balanced Offense to Strengthen Deterrence. New Alterntives Workshop.

IMolina, I. (2022, Mar. 3). Nace la Europa geopolítica y se bautiza en Naciones Unidas. Retrieved from Real

Instituto elcano - Royal Institute :
https://www.realinstitutoelcano.or
g/nace-la-europa-geopolitica-y-se-
bautiza-en-naciones-unidas/
INCOMEX. (2022, Julio 25). *Rusia y China*
anunciarán la "nueva moneda de
reserva global". Retrieved from
INCOMEX:
https://incomex.org.mx/index.php/
2022/07/25/rusia-y-china-
anunciaran-la-nueva-moneda-de-
reserva-global/
Infobae. (2022, Octubre 16). *En la*
apertura del XX Congreso del
Partido Comunista chino Xi Jinping
dijo que "jamás renunciará al uso
de la fuerza" en Taiwán El
mandatario también reconoció que
su país atraviesa "un momento
crítico", mientras busca afianzarse
aún más en el poder y con.
Retrieved from Infobae:
https://www.infobae.com/america
/mundo/2022/10/16/xi-jinping-
dio-inicio-al-congreso-del-partido-
comunista-chino-reconociendo-que-
su-pais-se-encuentra-en-un-
momento-critico/

Información. (2012, Mayo 31). Vicepresidentes de Bolivia e Irán analizan proyectos y estrechan relaciones. Retrieved from La Información : https://www.lainformacion.com/espana/vicepresidentes-de-bolivia-e-iran-analizan-proyectos-y-estrechan-relaciones_ZGaHf9peKTwgsfZBNMQQS2/

Iriarte, D. (2022, Julio 28). Si crees que Putin está ganando en Ucrania, no te estás enterando de nada. Retrieved from El Confidencial: https://www.elconfidencial.com/mundo/2022-07-28/putin-guerra-ucrania-ofensiva-detenida_3467547/

IS-1298. (2022, Noviembre 7). INFORME SEMANAL DE POLÍTICA EXTERIOR > NÚMERO 1298: Unión Europea: Berlín y París se alejan. Retrieved from Poleitica Exterior: https://www.politicaexterior.com/articulo-completo/union-europea-berlin-y-paris-se-alejan-324519/

Jorge Ricart, R. (2022, Marzo 4). Ucrania en busca de refugio digital. Retrieved from Real Instituto elcano - Royal institute: https://www.realinstitutoelcano.or g/comentarios/ucrania-en-busca- de-refugio-digital/

Karaganov, S., Olechowski, A., & Teltschik, H. (2011). Hotel Europe: Guests and Permanent Partners. Rosssiiskaya Gazeta (federal issue), No. 5583, 166.

Kazancı, H., & Turan, R. İ. (2022, Marzo 21). Turquía asegura que algunos países de la OTAN quieren que continúe la guerra en Ucrania. Retrieved from Anadolu Agency: https://www.aa.com.tr/es/mundo/ turqu%C3%ADa-asegura-que- algunos-pa%C3%ADses-de-la-otan- quieren-que-continúe-la-guerra-en- ucrania/2568874

Keddie, P. (2020, Octubre 30). What's Turkey's role in the Nagorno- Karabakh conflict? Retrieved from Alzazeera: https://www.aljazeera.com/feature s/2020/10/30/whats-turkeys-role- in-the-nagorno-karabakh-conflict

Kissinger, H. (2016, December 1).
Entrevista de Jeffrey Goldberg en
The Atlantic. Retrieved from The
Lessons of Henry Kissinger:
https://www.theatlantic.com/maga
zine/archive/2016/12/the-lessons-
of-henry-kissinger/505868/

Kolesnikov, A., & Volkov, D. (2022,
September 7). A Fresh Look at
Russian Public Opinion on the War
in Ukraine. Retrieved from Carnegie
Endowment for International
Peace:
https://carnegieendowment.org/20
22/09/07/fresh-look-at-russian-
public-opinion-on-war-in-ukraine-
event-7934

Kondrashov, A. (2022, Octuber 3). Rusia.
Historia Contemporánea. Retrieved
from Youtube:
https://www.youtube.com/watch?v
=MOtUNgEC8XM

Kutlay, M. (2022, Abril 21). Llueve sobre
mojado: la política de crisis
económica turca. Retrieved from
Política Exterior:
https://www.politicaexterior.com/

articulo/llueve-sobre-mojado-la-
politica-de-crisis-economica-turca/

Lab., A. (2022, Agosto 22). *Democracia
soberana. Retrieved from Académia
Lab.: https://academia-
lab.com/enciclopedia/democracia-
soberana/*

Laborie, M. (2018, Febrero 1). *America
First", ¿un modelo valido de
seguridad nacional para los EE. UU.
en el siglo XXI? Retrieved from
ieee.es:
https://www.ieee.es/Galerias/fiche
ro/docs_opinion/2018/DIEEEO10-
2018_Estrategia_US_MarioLaborie.p
df*

Laborie, M. (2022, Noviembre 17). *La
Estrategia de Seguridad Nacional
de Estados Unidos 2022: el punto de
inflexión de la década decisiva.
Retrieved from Instituto Español de
Estudios Estratégicos - ieee.es:
https://www.ieee.es/Galerias/fiche
ro/docs_opinion/2022/DIEEEO102_
2022_MARLAB_Estrategia.pdf*

Landale, J. (2022, April 27). *Push Russia
out of whole of Ukraine, says Truss.
Retrieved from BBC NEWS:*

https://www.bbc.com/news/uk-61251698

Lazard, O. (2022, Junio 21). *Las intenciones menos conocidas de Rusia en Ucrania. Retrieved from Política Exterior: https://www.politicaexterior.com/l as-intenciones-menos-conocidas-de-rusia-en-ucrania/*

Lee Myers, S., & Buckley, C. (2022, Marzo 14). *China Sees at Least One Winner Emerging From Ukraine War: China. Retrieved from New York Times: https://www.nytimes.com/2022/03 /14/world/asia/china-russia-ukraine.html?referringSource=artic leShare*

Leon Aguinaga, P., & Rosell Martínez, J. (2015, November 1). *Cuaderno de estrategia 178, Rusia bajo el liderazgo de Putin. La nueva estrategia rusa a la búsqueda de su liderazgo regional y el reforzamiento como actor global: Las relaciones económicas entre Rusia y la Unión Europea. Retrieved*

from ieee.es - :
https://www.ieee.es/Galerias/fiche
ro/cuadernos/CE_178.pdf
León Aguinaga, P., & Rosell Martínez, J.
(2015, Noviembre 1). Las relaciones
económicas entre Rusia y la Unión
Europea: Cuadernos de Estrategia
178 Rusia bajo el liderazgo de
Putin. La nueva estrategia rusa a la
búsqueda de su liderazgo regional y
el reforzamiento como actor global.
Retrieved from Instituto Español de
Estudios Estratégicos-ieee.es:
https://www.ieee.es/Galerias/fiche
ro/cuadernos/CE_178.pdf
Lippmann, W. (1965). Public Opinion.
Nueva York: The Free Press.
Lo, B. (2008). Axis of Convenience: Moscow,
Beijing, and the New Geopolitics.
Londres.: Chatham House.
Lukianov, F. (2015, May 27). Are Kerry's
Sochi talks with Putin and Lavrov a
game-changer? Interview by P.
Koshkin y K. Zubacheva. Retrieved
from Rusia Direct:
http://www.russia-
direct.org/debates/ are-kerrys-
sochi-talks-putin-and-lavrov-game-
changer.

Lukin, A. (2009). *Las relaciones ruso-chinas: no caer en la complacencia. Mezhdunarodnaia Zhizn, No. 11.*

Lukin, V. (2015, Noviembre 1). *Rusia y Europa: el camino para recuperar la cooperación: Cuadernos de Estrategia 178 Rusia bajo el liderazgo de Putin. La nueva estrategia rusa a la búsqueda de su liderazgo regional y el reforzamiento como actor global. Retrieved from Instituto Español de Estudios Estratégicos-ieee.es: https://www.ieee.es/Galerias/fiche ro/cuadernos/CE_178.pdf*

Lukyanov, F. (2012, March 1). *Russia-China: Change of Course? Retrieved from Russia in Global Affairs: http://eng.globalaffairs.ru/redcol/ Russia-China-Change- of-course-15494.*

Lukyanov, F. A. (2015, March 20). *Crimea Is Final Nail in Soviet Union's Coffin. Retrieved from Russia in Global Affairs: https://eng.globalaffairs.ru/article*

s/crimea-is-final-nail-in-soviet-
unions-coffin/

López Aranda, R. (2022, Enero 31). *La
crisis de Ucrania, la UE y la
cohesión occidental. Retrieved from
Real Instituto elcano - Royal
Institute:
https://www.realinstitutoelcano.or
g/comentarios/la-crisis-de-
ucrania-la-ue-y-la-cohesion-
occidental/*

López Mora, F. (2015, Noviembre 1). *La
Unión Europea y la Federación de
Rusia en sus dinámicas históricas
contemporáneas: cooperación
institucional y recelos de vecindad:
Cuadernos de Estrategia 178 Rusia
bajo el liderazgo de Putin. La nueva
estrategia rusa a la búsqueda de su
lidera. Retrieved from Instituto
Español de Estudios Estratégicos-
ieee.es:
https://www.ieee.es/Galerias/fiche
ro/cuadernos/CE_178.pdf*

López-Aranda, R. (2022, Marzo. 3). *La
Resolución de la Asamblea General
de las Naciones Unidas sobre
Ucrania y la pugna por el orden
internacional. Retrieved from Real*

*instituto elcano - Royal Institute:
https://www.realinstitutoelcano.or
g/comentarios/la-resolucion-de-la-
asamblea-general-de-las-naciones-
unidas-sobre-ucrania-y-la-pugna-
por-el-orden-internacional/*
Lyne, R., Talbott, S., & Watanabe, K.
*(2006). Engaging with Russia: The
Next Phase. Washington DC:
Trilateral Commisión.*
Maçães, B. (2022, April 2). *"Russia cannot
afford to lose, so we need a kind of a
victory": Sergey Karaganov on what
Putin wants A former adviser to the
Kremlin explains how Russia views
the war in Ukraine, fears over Nato
and China, and the fate of
liberalism. Retrieved from The New
Statesman:
https://www.newstatesman.com/w
orld/europe/ukraine/2022/04/rus
sia-cannot-afford-to-lose-so-we-
need-a-kind-of-a-victory-sergey-
karaganov-on-what-putin-wants*
Mackay, N. (2009, September 1). *The
Project for the New American
Century, Rebulding America's*

Defenses. Retrieved from Strategy, Forces, and Resources For a New Century. US: https://mail.google.com/mail/u/0/ #inbox/FMfcgzGqQvvRgBsRMRhlLg DgVLsvSPTn

Malamud, C. (2019, Septiembre 24). *Sin nuevas ideas en la integración regional latinoamericana. Retrieved from Real Instituto elcano - Royal Institute: https://www.realinstitutoelcano.or g/sin-nuevas-ideas-en-la-integracion-regional-latinoamericana/*

Malamud, C., & Núñez Castellano, R. (2022, Marzo 30). *América Latina y la invasión de Ucrania: su incidencia en la economía, la geopolítica y la política interna. Retrieved from Real Instituto Elcano-Royal Institute: https://www.realinstitutoelcano.or g/analisis/america-latina-y-la-invasion-de-ucrania-su-incidencia-en-la-economia-la-geopolitica-y-la-politica-interna/*

Malamud, C., Milosevich-Juaristi, M., & Núñez Castellano, R. (2022, Febrero

15). *América Latina en la crisis de Ucrania: un convidado de piedra dentro de la estrategia de la Rusia de Putin. Retrieved from Real Instituto elcano - Royal Institute: file:///Users/edu/Desktop/América %20Latina%20en%20la%20crisis %20de%20Ucrania:%20un%20con vidado%20de%20piedra%20dentr o%20de%20la%20estrategia%20d e%20la%20Rusia%20d.webarchiv e*

Mankoff, J. (2012). *Russian Foreign Policy. The return of Great Power Politics. Plymouth: Rowman &Littlefield Publishers.*

Manrique, L. E. (2022, Noviembre 15). *EEUU-China, la guerra fría del 'Big Tech'. Retrieved from Política Exterior: https://www.politicaexterior.com/e euu-china-la-guerra-fria-del-big- tech/*

Manrique, L. E. (2022, Junio 28). *La cultura, campo de batalla entre Moscú y Kiev. Retrieved from Política Exterior:*

https://www.politicaexterior.com/l
a-cultura-campo-de-batalla-entre-
moscu-y-kiev/

Manrique, L. E. (2022, Agosto 2). *Putin
afianza su autocracia.* Retrieved
from Poleitica Exterior:
https://www.politicaexterior.com/
putin-afianza-su-autocracia/

Mañueco, R. M. (2022, Septiembre. 15).
*China y Rusia se comprometen a
crear una alianza que desafíe a
EE.UU.* Retrieved from ABC
Internacional:
https://www.abc.es/internacional/
putin-denuncia-ante-presidente-
chino-esfuerzos-occidente-
20220915150232-nt.html

Materials, I. L. (2017). *China-Russia: Joint
Declaration on a Multipolar World
and the Establishment of a New
International Order: Reproduced
from UN Document A/52/153
S/1997/384, Aneex, May 20, 1997.*
Cambridge: Published online by
Cambridge University Press.

Mearsheimer, J. J. (2021, December 1). *The
Inevitable Rivalry: America, China,
and the Tragedy of Great-Power
Politics.* Retrieved from Foreign

Affairs:
https://www.foreignaffairs.com/ar
ticles/china/2021-10-
19/inevitable-rivalry-cold-war
Meschoulam, M. (2022, Septiembre 3). De
  1985 a Ucrania: Gorbachov, las
  narrativas y el continuo . Retrieved
  from El Universal:
  https://www.eluniversal.com.mx/o
  pinion/mauricio-meschoulam/de-
  1985-ucrania-gorbachov-las-
  narrativas-y-el-continuo
Meschoulam, M. (2022, Febrero 19).
  Intentando entender a Putin: la
  conexión Siria-Ucrania. Retrieved
  from El Universal:
  https://www.eluniversal.com.mx/o
  pinion/mauricio-
  meschoulam/intentando-entender-
  putin-la-conexion-siria-ucrania
Meschoulam, M. (2022, Septiembre 17). La
  ofensiva ucraniana y la otra
  oposición en Rusia. Retrieved from
  El Universal:
  https://www.eluniversal.com.mx/o
  pinion/mauricio-meschoulam/la-

ofensiva-ucraniana-y-la-otra-oposicion-en-rusia

Meschoulam, M. (2022, Noviembre 5). *Protestas masivas en Irán: Cinco escenarios. Retrieved from El Universal: https://www.eluniversal.com.mx/opinion/mauricio-meschoulam/protestas-masivas-en-iran-cinco-escenarios*

Meschoulam, M. (2022, Octubre 22). *Terrorismo en África y guerra en Ucrania: las conexiones. Retrieved from El Universal: https://www.eluniversal.com.mx/opinion/mauricio-meschoulam/terrorismo-en-africa-y-guerra-en-ucrania-las-conexiones*

Meschoulam, M. (2022, Julio 23). *Ucrania a cinco meses: actualización y análisis. Retrieved from El Universal: https://www.eluniversal.com.mx/opinion/mauricio-meschoulam/ucrania-cinco-meses-actualizacion-y-analisis*

Meschoulam, M. (2022, Junio 25). *Ucrania a cuatro meses: síntesis actualizada. Retrieved from El*

Universal:
https://www.eluniversal.com.mx/o
pinion/mauricio-
meschoulam/ucrania-cuatro-
meses-sintesis-actualizada

Meschoulam, M. (2022, Septiembre 24).
Ucrania a siete meses: Rusia decide
escalar. Retrieved from El
Universal:
https://www.eluniversal.com.mx/o
pinion/mauricio-
meschoulam/ucrania-siete-meses-
rusia-decide-escalar

Meschoulam, M. (2022, Octubre 29).
Ucrania: La paradoja de la escalada
y las consecuencias de alimentarla.
Retrieved from El Universal:
https://www.eluniversal.com.mx/o
pinion/mauricio-
meschoulam/ucrania-la-paradoja-
de-la-escalada-y-las-consecuencias-
de-alimentarla

Meyer, J. (2009). Rusia y sus Imperios
(1894-2005). Barcelona: Círculo de
Lectores.

MFA. (2022, Febrero 26). Wang Yi
Expounds China's Five-Point

Position on the Current Ukraine Issue. Retrieved from Ministry of Foreign Affairs of the People's Republic of China: https://www.mfa.gov.cn/eng/zxxx_662805/202202/t20220226_10645855.html

Miller, C. (2022). *Chip War: The Fight for the World's Most Critical Technology. NY: Scribner.*

Milosevich-Juaristi, M. (2017, Marzo 23). *Ucrania, piedra de toque para Occidente. Retrieved from Real Instituto elcano - Royal Institute: https://www.realinstitutoelcano.org/analisis/ucrania-piedra-de-toque-para-occidente/*

Milosevich-Juaristi, M. (2018, Noviembre 27). *Entre el mar y la espada: el bloqueo naval ruso de Ucrania. Retrieved from Real Instituto elcano-Royal Institute: https://www.realinstitutoelcano.org/entre-mar-y-espada-bloqueo-naval-ruso-ucrania/*

Milosevich-Juaristi, M. (2018, Noviembre 14). *La "ucranización" aleja a Ucrania de la democratización. Retrieved from Real Intituto elcano-*

Royal Intitute: https://www.realinstitutoelcano.or g/la-ucranizacion-aleja-a-ucrania-de-la-democratizacion/
Milosevich-Juaristi, M. (2018, Febrero 2). *La Ley de Ucrania sobre los territorios ocupados por Rusia en Donbas. Retrieved from Real Instituto elcano-Royal Institute: https://www.realinstitutoelcano.or g/la-ley-de-ucrania-sobre-los-territorios-ocupados-por-rusia-en-donbas/*
Milosevich-Juaristi, M. (2019, Mayo 9). *Los aliados de Rusia: su ejército, su armada y su gas. Retrieved from Real Instituto elcano - Royal Institute: https://www.realinstitutoelcano.or g/analisis/los-aliados-de-rusia-su-ejercito-su-armada-y-su-gas/*
Milosevich-Juaristi, M. (2021, Mayo 7). *La nueva estrategia de la UE para Rusia: un equilibrio de debilidad. Retrieved from Real Instituto elcano - Royal Institute: https://www.realinstitutoelcano.or*

g/analisis/la-nueva-estrategia-de-
la-ue-para-rusia-un-equilibrio-de-
debilidad/
Milosevich-Juaristi, M. (2021, Febrero 23).
*Rusia y EEUU: ¿una confrontación
responsable? Retrieved from Real
Instituto elcano - Royal Institute:
https://www.realinstitutoelcano.or
g/analisis/rusia-y-eeuu-una-
confrontacion-responsable/*
Milosevich-Juaristi, M. (2021, Abril. 9).
*Tropas rusas en la frontera
ucraniana: ¿intimidación táctica o
inminente ofensiva militar?
Retrieved from Real instituto
Elcano - Royal Institute:
https://www.realinstitutoelcano.or
g/analisis/tropas-rusas-en-la-
frontera-ucraniana-intimidacion-
tactica-o-inminente-ofensiva-
militar/*
Milosevich-Juaristi, M. (2022, Abril 26). *El
balance actual de la guerra en
Ucrania y las perspectivas de un
acuerdo de paz. Retrieved from Real
Instituto ELcano - Royal Institute:
https://www.realinstitutoelcano.or
g/analisis/el-balance-actual-de-la-
guerra-en-ucrania-y-las-*

perspectivas-de-un-acuerdo-de-paz/

Milosevich-Juaristi, M. (2022, Mayo 10). *La evolución de los objetivos políticos de EEUU en Ucrania y la probabilidad de una guerra nuclear.* Retrieved from Real Instituto elcano - Royal Institute: https://www.realinstitutoelcano.or g/comentarios/la-evolucion-de-los-objetivos-politicos-de-eeuu-en-ucrania-y-la-probabilidad-de-una-guerra-nuclear/

Milosevich-Juaristi, M. (2022, Octubre 17). *La guerra en Ucrania y los conflictos recientes en el espacio post soviético.* Retrieved from Real Instituto elcano-Royal Institute: https://www.realinstitutoelcano.or g/analisis/la-guerra-en-ucrania-y-los-conflictos-recientes-en-el-espacio-post-sovietico/

Milosevich-Juaristi, M. (2022, Enero 25). *Rusia y el orden de seguridad europeo: del descontento pasivo al revisionismo activo.* Retrieved from Real Instituto elcano - Royal

Institute:
https://www.realinstitutoelcano.or
g/analisis/rusia-y-el-orden-de-
seguridad-europeo-del-
descontento-pasivo-al-
revisionismo-activo/
Milosevich-Juaristi, M. (2022, Septiembre
20). Vladimir Putin y Xi Jinping: no
siempre juntos, pero nunca
enfrentados. Retrieved from Real
Instituto Elcano - Royal Institute:
https://www.realinstitutoelcano.or
g/comentarios/vladimir-putin-y-xi-
jinping-no-siempre-juntos-pero-
nunca-enfrentados/
Milosevich-Juaristi, M., & Austin, A. (2019,
Octubre 3). Ucrania en "modelo
sándwich": entre las instituciones
internacionales y la sociedad civil.
Retrieved from Real Instituto
elcano - Royal Institute:
https://www.realinstitutoelcano.or
g/analisis/ucrania-en-modelo-
sandwich-entre-las-instituciones-
internacionales-y-la-sociedad-civil/
Mohammedi, A. (2022, Junio 21). Rusia y el
mundo árabe a la luz de la guerra
de Ucrania. Retrieved from Política
Exterior:

*https://www.politicaexterior.com/
articulo/rusia-y-el-mundo-arabe-a-
la-luz-de-la-guerra-de-ucrania/*
Morales, J. (2012). Conclusiones y
perspectivas de futuro: Rusia en la
sociedad internacional Perspectivas
tras el retorno de Putin. Madrid:
Unidad de Investigación sobre
Seguridad y Cooperación
Internacional Research Unit on
International Security and
Cooperation .
Morales, J. (2015, Febrero 13). Alto el
fuego en Ucrania, Alternativas.
Retrieved from El País:
https://blogs.elpais.com/alternativ
as/2015/02/alto-el-fuego-en-
ucrania.html
Morcos, P., & Simón, L. (2022, Junio 6). La
OTAN y el Sur tras Ucrania.
Retrieved from Real Instituto
elcano - Royal Institute:
https://www.realinstitutoelcano.or
g/analisis/la-otan-y-el-sur-tras-
ucrania/

Moreno, N. (2003). *Los Bush, crímenes de guerra. Mexico: Libros Sin Fronteras.*

Mulder, N. (2022, September 26). *The Collateral Damage of a Long Economic War. Sanctions Have Hurt But Not Felled Russia—and Are Harming the Global South. Retrieved from Foreign Affairs: https://www.foreignaffairs.com/ru ssian-federation/collateral-damage-long-economic-war*

Mundo. (2015, Junio 16). *Putin dice que si alguien amenaza a Rusia, apuntarán contra ellos. Retrieved from El Mundo: http://www.elmundo.es/internacio - nal/2015/06/16/5580391a22601d d2518b458e.html*

Mundo. (2021, Octubre 12). *Rusia reitera que considera a Taiwán parte de China. Retrieved from Sputnik: https://sputniknews.lat/20211012 /rusia-reitera-que-considera-a-taiwan-parte-de-china-1117007834.html*

Myers, M. (2022, Noviembre 1). *China y América Latina, 'terra ignota'.*

Retrieved from Política Exterior: https://www.politicaexterior.com/ articulo/china-y-america-latina-terra-ignota/

Núñez Villaverde, J. A. (2013, Diciembre 10). Ucrania, pieza mayor de una cacería a dos bandas. Retrieved from Real Instituto elcano - Royal Institute: https://www.realinstitutoelcano.or g/ucrania-pieza-mayor-de-una-caceria-a-dos-bandas/

Núñez Villaverde, J. A. (2021, Abril 14). Ucrania, un conflicto no tan congelado. Retrieved from Real Instituto elcano - Royal Institute: https://www.realinstitutoelcano.or g/ucrania-un-conflicto-no-tan-congelado/

Núñez Villaverde, J. A. (2022, Abril 18). ¿Estamos en guerra con Rusia? Retrieved from Real Instituto elcano - Royal Institute: https://www.realinstitutoelcano.or g/estamos-en-guerra-con-rusia/

Núñez Villaverde, J. A. (2022, Octubre. 4). Ucrania declara la guerra a Rusia.

Retrieved from Real Instituto elcano-Royal Institute: https://www.realinstitutoelcano.org/ucrania-declara-la-guerra-a-rusia/

Nagl, J., & Yingling, P. (2022, Abril 7). For a Lasting Peace, Europe Must Embrace Russia The U.S. and the West should follow six principles to bring Russia into a "Europe whole and free," as G.H.W. Bush envisioned in 1989. Retrieved from Defense One: https://www.defenseone.com/ideas/2022/04/lasting-peace-europe-must-embrace-russia/364130/

NEWS, B. (1999, Diciembre 31). Yeltsin resignation speech. Retrieved from News BBC: http://news.bbc.co.uk/2/hi/world/monito- ring/584845.stm

O'neil, S. K. (2022, Noviembre 1). Perder y ganar con la globalización. Retrieved from Política Exteriro: https://www.politicaexterior.com/articulo/perder-y-ganar-con-la-globalizacion/

Orozco Alcantar, J. L. (2015). *Las raíces de la teología política norteamericana. México: Ediciones del Lirio.*

Ortega, A. (2015, Noviembre 10). *Siria: gracias a Putin. Retrieved from Real Instituto elcano-Royal Institute:* https://www.realinstitutoelcano.or g/siria-gracias-putin/

Ortega, A. (2015, Febrero 17). *Ucrania: la paz que se esconde tras el alto el fuego. Retrieved from Real Instituto elcano - Royal Institute:* https://www.realinstitutoelcano.or g/el-espectador-global-ucrania-la- paz-que-se-esconde-tras-el-alto-el- fuego/

Ortega, A. (2022, Febrero 8). *China ante Ucrania: evitar que la OTAN se inmiscuya en el Indo-Pacífico. Retrieved from Real Instituto elcano - Royal Institute:* file:///Users/edu/Desktop/China% 20ante%20Ucrania:%20evitar%20 que%20la%20OTAN%20se%20in miscuya%20en%20el%20Indo- Pac%C3%ADfico%20-

%20Real%20Instituto%20Elcano.
webarchive

Ortega, A. (2022, Abril 5). *Frío 20 de enero
de 2025. Retrieved from Real
Instituto elcano - Royal Institute:
https://www.realinstitutoelcano.or
g/frio-20-de-enero-de-2025/*

Ortega, A. (2022, Noviembre 7). *La guerra
fría de los chips. Retrieved from
Política Exterior:
https://www.politicaexterior.com/l
a-guerra-fria-de-los-chips/*

Ortega, A. (2022, Marzo 22). *La guerra y el
resto del mundo. Retrieved from
Real Instituto elcano - Royal
Institute:
https://www.realinstitutoelcano.or
g/la-guerra-y-el-resto-del-mundo/*

Ortega, A. (2022, Abril 19). *Más Europa,
más dependiente de EEUU .
Retrieved from Real Instituto
Elcano - Royal Institute:
https://www.realinstitutoelcano.or
g/mas-europa-mas-dependiente-
de-eeuu/*

Ortega, A. (2022, Mayo 20). *Prospectiva:
Ucrania y Europa. Retrieved from
Real Instituto Elcano - Royal
Institute:*

https://www.realinstitutoelcano.or
g/analisis/prospectiva-ucrania-y-
europa/

Ortega, A. (2022, Enero 25). *Putin gana y
pierde: ¿hacia un nuevo orden
europeo? Retrieved from Real
Instituto elcano - Royal Institute:
https://www.realinstitutoelcano.or
g/putin-gana-y-pierde-hacia-un-
nuevo-orden-europeo/*

OSCE. (2022, Mayo 27). *2021 Trends and
observations, Special Monitoring
Mission to Ukraine. Retrieved from
osce.org:
https://www.osce.org/files/f/docu
ments/2/a/51*

OSCE. (2022, May 27). *spot report.
Significant deterioration in the
security situation in Ukraine.
Retrieved from osce.org:
https://www.osce.org/special-
monitoring-mission-to-
ukraine/512989*

Otero Iglesias, M. (2022, Marzo 31).
*¿Puede resistir las sanciones la
economía rusa? Retrieved from
Real Instituto elcano - Royal*

Institute:
https://www.realinstitutoelcano.or
g/analisis/puede-resistir-las-
sanciones-la-economia-rusa/
Otero Iglesias, M., & Steinberg, F. (2022,
Marzo 2). La guerra de Ucrania en
el tablero económico. Retrieved
from Real Instituto elcano - Royal
Institute:
https://www.realinstitutoelcano.or
g/comentarios/la-guerra-de-
ucrania-en-el-tablero-economico/
Ovchinnikova, K. (2019, Julio 25). Los
tártaros: un nombre para varios
pueblos. Retrieved from El Orden
Mundial.:
https://elordenmundial.com/puebl
os-tartaros/
Ovchinnikova, K. (2020, Noviembre 15).
Festivales y misiles: el
panturquismo en el siglo XXI.
Retrieved from El Orden Mundial:
https://elordenmundial.com/pantu
rquismo-historia-politica-sociedad-
turquia/
Pace, E., & Guolo, R. (2006). Los
Fundamentalismos; traducción de
Marino Dupont. Meexico D.F.: Siglo
XXI.

Pardo de Santayana Gómez Olea, J. M. (2015, Octuber 22). Meeting of the Valdai International Discussion Club. Retrieved from Valdai International Discussion Club: http://en.kremlin.ru/events/presid ent/news/50548

Pardo de Santayana Gómez Olea, J. M. (2017, March 15). Historia, identidad y estrategia en la Federación Rusa. Retrieved from ieee.es - Instituto Español de Estudios Estratégicos: https://www.ieee.es/Galerias/fiche ro/docs_analisis/2017/DIEEEA16-2017_Federacion_Rusa_JMPSGO.pdf

Pardo de Santayana, J. (2020, June 17). El desencuentro con Rusia y las claves de su estrategia militar. Retrieved from ieee.es - Instituto Español de Estudios Estratégicos: https://www.ieee.es/Galerias/fiche ro/docs_analisis/2020/DIEEEA22_2 020JOSPAR_Rusiamilitar.pdf

Pardo de Santayana, J. (2021, Junio 9). ¿Por qué a Rusia le interesa tanto Ucrania? Retrieved from ieee.es -

Instituto Español de Estudios
Estratégicos:
https://www.ieee.es/Galerias/fiche
ro/docs_analisis/2021/DIEEEA25_2
021_JOSPAR_Rusia.pdf
Pardo De Santayana, J. (2022, Octubre 13).
La guerra de Ucrania y la rebelión
del Sur global. Documento de
Análisis IEEE 63/2022. Retrieved
from Instituto Español de Estudios
Estrategicos - ieee.es:
https://www.ieee.es/Galerias/fiche
ro/docs_analisis/2022/DIEEEA63_2
022_JOSPAR_Ucrania.pdf
Pardo, E. (2012). Rusia y sus relaciones
bilaterales con Japón: presas de la
disputa territorial: Rusia en la
sociedad internacional Perspectivas
tras el retorno de Putin. Madrid:
Unidad de Investigación sobre
Seguridad y Cooperación
Internacional Research Unit on
International Security and
Cooperation.
Pérez Bocanegra, C. (2016, Abril 15).
Ucrania, Rusia y las sanciones: "el
bueno, el malo y el feo". Retrieved
from Real Instituto elcano - Royal
Institute:

https://www.realinstitutoelcano.or
g/ucrania-rusia-y-las-sanciones/
Pérez Triana, J. M. (2020, Noviembre 9).
Conflictos en la zona gris: Origen y
desarrollo del concepto. Retrieved
from The Political Room:
https://thepoliticalroom.com/confli
ctos-en-la-zona-gris-origen-y-
desarrollo-del-concepto/
Piantadosi, G. M. (2022, Septiembre 17).
Juegos de guerra en el
Mediterráneo: el frente olvidado de
la guerra en Ucrania. Retrieved
from El Confidencial:
https://www.elconfidencial.com/m
undo/europa/2022-09-17/juegos-
guerra-mediterrano-fronte-
olvidado-ucrania_3491315/
Pinker, S. (2011). The Better Angels of our
nature. Londres: Penguin.
Piqué Camps, J. (2018). Cuadernos de
Estrategia 196 Oriente medio tras
el Califato: Oriente Medio después
de la derrota militar del califato,
una aproximación global. Madrid,
Es.: Ministerio de Defensa:
https://publicaciones.defensa.gob.e

s/. Retrieved from Instituto Español de Estudios Estratégicos - ieee.es: https://www.ieee.es/Galerias/fiche ro/cuadernos/CE_196.pdf

Piqué, J. (2022, Junio 2). El Indo-Pacífico sigue en el centro. Retrieved from Política Exteriro: https://www.politicaexterior.com/e l-indo-pacifico-sigue-en-el-centro/

Piqué, J. (2022, Septiembre. 16). Las opciones de Putin. Retrieved from Política Exterior: https://www.politicaexterior.com/l as-opciones-de-putin/

Piqué, J. (2022, Septiembre 28). Putin se queda sin aliados. Retrieved from Política Exterior: https://www.politicaexterior.com/ putin-se-queda-sin-aliados/

Priego, A. (2014, Febrero 21). Ucrania: la Revolución Naranja se tiñe de rojo. Retrieved from Real Instituto elcano - Royal Institute: https://www.realinstitutoelcano.or g/ucrania-la-revolucion-naranja-se-tine-de-rojo/

Priego, A. (2022, Octubre 4). La influencia de Irán (e Hizbulá) en América Latina. Retrieved from Instituto

Español de Estudios Estratégicos - ieee.es: https://www.ieee.es/Galerias/fiche ro/docs_opinion/2022/DIEEEO86_2 022_ALBPRI_Iran.pdf

Pulido, G. (2021). *Guerra Multidominio y mosaico: El nuevo pensamiento militar estadounidense. Madrid: Los libros de la Catarata.*

Pulido, G. (2022, Agosto 28). *La guerra de Ucrania y la guerra mosaico. Retrieved from Ejercitos:* https://www.revistaejercitos.com/ 2022/08/28/la-guerra-de-ucrania-y-la-guerra-mosaico/

Ramos, G., & Melguizo, Á. (2022, Julio 1). *Una digitalización ética para América Latina. Retrieved from Política exterior:* https://www.politicaexterior.com/ articulo/una-digitalizacion-etica-para-america-latina/

Reinares, F. (2022, Marzo 4). *El soslayado componente terrorista en la amenaza híbrida que supone la Rusia de Putin. Retrieved from Real Instituto elcano - Royal Institute:*

https://www.realinstitutoelcano.or
g/comentarios/el-soslayado-
componente-terrorista-en-la-
amenaza-hibrida-que-supone-la-
rusia-de-putin/
Republic, F. (2005, July 2). 'Full text' of
China-Russia Joint Statement on
21st Century World Order
(Wondertwins Activate! Retrieved
from Free Republic:
https://freerepublic.com/focus/f-
news/1436001/posts
Requena del Río, P. (2018). Cuadernos de
Estrategia 196 Oriente medio tras
el Califato: Siria, la guerra que no
cesa. Madrid, Es.: Ministerio de
Defensa -
https://publicaciones.defensa.gob.e
s/.
RIE. (2022, Noviembre 10). Especial
Ucrania. Retrieved from Real
Instituto elcano - Royal Institute:
https://www.realinstitutoelcano.or
g/especiales/especial-ucrania/
RT. (2014, Agosto 6). Rusia cierra un año
su mercado a los países que han
impuesto sanciones. Retrieved from
Actualidad RT:
https://actualidad.rt.com/economi

a/view/136221-putin-firma-
respuesta-sanciones-occidente-
agricultura
Ruiz Arévalo, J. M. (2022, Junio 24).
Ucrania: el regreso de la guerra
industrial. Retrieved from Global
Strategy: https://global-
strategy.org/ucrania-el-regreso-de-
la-guerra-industrial/
Ruiz, F. J. (2012). Rusia en la sociedad
internacional Perspectivas tras el
retorno de Putin: Cultura
estratégica y política de seguridad
de la Federación Rusa. Madrid,
España.: Departamento de Estudios
Internacionales Facultad de
Ciencias Políticas y Sociología
Universidad Complutense de
Madrid.
Rumer, E. (2019). The Primakov (Not
Gerasimov) Doctrine in Action.
Washington, DC: Carnegie
Endowment for International Peace
Publications Department.
Russell Mead, W. (2022, April 18). The End
of Russia's Empire? Moscow has a
stake in the Ukraine war that is

greater than Putin's career.
Retrieved from WSJ:
https://www.wsj.com/articles/the-
end-of-russia-empire-ukraine-war-
eastern-slavic-national-identity-
invade-soviet-czar-putin-ussr-
11650307491?mc_cid=f30ee4f372&
mc_eid=0f707b8374
Russell, M. (2007). God and Gold. Britain,
America, and the Making of the
Modern World. Nueva York: Alfred
A. Knopf.
Sánchez Herráez, P. (2015, Noviembre 1).
Marco geopolítico de Rusia:
constantes históricas, dinámica y
vi- sión en el siglo xxi: Cuadernos de
Estrategia 178 Rusia bajo el
liderazgo de Putin. La nueva
estrategia rusa a la búsqueda de su
liderazgo regional y el refor-
zamiento como actor global.
Retrieved from Instituto Español de
Estudios Estratégicos- ieee.es:
https://www.ieee.es/Galerias/fiche
ro/cuadernos/CE_178.pdf
Saakashvili, M. (2011, Junio 6). Biografías
Líderes Políticos. Retrieved from
CIDOB:
http://www.cidob.org/es/documen

tacion/biografias_lideres_politicos/
europa/ georgia/mijeil_saakashvili.
Saavedra, M., & García, N. (2022,
Septiembre 16). Tensión en el
polvorín euroasiático: "No hay
todavía un efecto dominó por la
guerra de Ucrania". Retrieved from
International:
https://www.epe.es/es/internacion
al/20220916/tension-polvorin-
euroasiatico-efecto-domino-guerra-
ucrania-75486114
Sahuquillo, M. R. (2021, Abril 5). Putin
firma la ley que le permitirá
perpetuarse en el poder. Retrieved
from El País:
https://elpais.com/internacional/2
021-04-05/putin-firma-la-ley-que-
le-permitira-perpetuarse-en-el-
poder.html
Sahuquillo, M. R. (2022, Febrero 14).
Alemania y Ucrania chocan sobre el
suministro de gas y la entrada en la
OTAN. Retrieved from El País:
https://elpais.com/internacional/2
022-02-14/scholz-asegura-en-kiev-

que-la-entrada-de-ucrania-en-la-
otan-no-esta-en-la-agenda.html
Sahuquillo, M. R., & Díaz, J. P. (2020, Julio
1). *La clave de Putin hacia la
eternidad política. Retrieved from
El País:*
https://elpais.com/internacional/2
020-06-30/que-supone-para-putin-
la-reforma-de-la-constitucion-las-
claves-de-una-votacion-en-medio-
de-la-pandemia.html
Saldaña, E. (2020, Octubre 7). *Esta no será
la última vez que Armenia y
Azerbaiyán peleen por el Alto
Karabaj. Retrieved from El Orden
Mundial:*
https://elordenmundial.com/arme
nia-azerbaiyan-alto-karabaj-
conflicto-futuro-caucaso/
Salisbury, H. (1969). *The Coming War
Between Russia and China.*
Londres.: Secker & Warburg.
Sanz, A. (2022, Agosto 10). *La reactivación
del acuerdo nuclear, en manos de
Irán. Retrieved from Atalayar:*
https://atalayar.com/content/la-
reactivacion-del-acuerdo-nuclear-
en-manos-de-iran

Sarotte, M. E. (2015). *1989: The Struggle to Create Post-Cold War Europe.* Princeton, NJ.: Pinceton University Press.

Scott, R. M. (2010). *he Challenge of Political islam. Non muslims and the Egyptian state.* Stanford: Stanford University Press.

Sebastiá, I. (2020, Octubre 5). *¿Qué es el Alto Karabaj?* Retrieved from El Orden Mundial.: https://elordenmundial.com/que-es-alto-karabaj/

Serra, F. (2012). *El conflicto de Chechenia: dimensiones internas e internacionales: Rusia en la sociedad internacional Perspectivas tras el retorno de Putin.* Madrid, España.: Unidad de Investigación sobre Seguridad y Cooperación Internacional Research Unit on International Security and Cooperation.

Shagina, M. (2022, May 20). *Western Financial Warfare and Russia's De-dollarization Strategy how Sanctions on Russia might reshape*

the Global Financial System.
Retrieved from FIIA:
https://www.fiia.fi/wp-
content/uploads/2022/05/bp339_
western-financial-warfare-and-
russias-de-dollarization-
strategy.pdf

Shambaugh, D. (2008). China's Communist
Party: Atrophy and Adaptation.
Washington & Berkeley.: Woodrow
Wilson Center & University of
California Press.

Shambaugh, D. (2022). International
Relations of Asia. Washington DC:
Rowman & Littlefield Publishers.

Sherr, J. (2020, July 1). Nothing New Under
the Sun? Continuity and Change in
Russian Policy Towards Ukraine.
Retrieved from RKK - ICDS:
https://efpi.icds.ee/wp-
content/uploads/sites/18/2020/07
/ICDS_EFPI_Report_Nothing_New_Un
der_the_Sun_Sherr_July_2020.pdf

Simón, L. (2022, Febrero 14). Ucrania y el
equilibrio de poder: un análisis
inter-regional. Retrieved from Real
Instituto elcano - Royal Institute:
https://www.realinstitutoelcano.or
g/comentarios/ucrania-y-el-

equilibrio-de-poder-un-analisis-
inter-regional/

Smith, K. C. (2010, February 1). *Russia-
Europe Energy Relations
Implications for U.S. Policy.
Retrieved from Cenetr for Strategic
& International Studies:*
https://csis-website-
prod.s3.amazonaws.com/s3fs-
public/legacy_files/files/publicatio
n/100218_Smith_RussiaEuropeEner
gy_Web.pdf

Soage, A. B. (2017, Julio 1). *¿Qué se
esconde tras la guerra fría entre
Arabia Saudí e Irán? Retrieved from
Instituto Español de Estudios
Estratégicos - ieee.es:*
https://www.ieee.es/Galerias/fiche
ro/docs_opinion/2017/DIEEEO71-
2017_Guerra_Fria_ArabiaSaudi-
Iran_AnaBelenSoage.pdf

Sorroza, A. (2014, Abril 15). *La UE y la
tormenta perfecta ucraniana.
Retrieved from Real Instituto
elcano - Royal Institute:*
https://www.realinstitutoelcano.or

g/comentarios/la-ue-y-la-
tormenta-perfecta-ucraniana/

Spykman, N. (1944). *The Geography of the Peace*. New York: Harcourt, Brace and Company Inc.

Steinberg, F. (2016, Febrero 2). *Lo que nos deja el ciclo de las commodities en América Latina*. Retrieved from Real Instituto elcano-Royal Institute:
https://www.realinstitutoelcano.or
g/archive/opinion/lo-que-nos-deja-
el-ciclo-de-las-commodities-en-
america-latina/

Steinberg, F., & Tamames, J. (2022, Abril 21). *La UE en el mundo tras la guerra de Ucrania*. Retrieved from Real Instituto elcano - Royal Institute:
https://www.realinstitutoelcano.or
g/analisis/la-ue-en-el-mundo-tras-
la-guerra-de-ucrania/

Stepanova, E. (2012). *Rusia en la sociedad internacional Perspectivas tras el retorno de Putin : La política de Rusia en Oriente Medio ante la "primavera árabe"*. Madrid, España.: Departamento de Estudios Internacionales Facultad de

Ciencias Políticas y Sociología Universidad Complutense de Madrid.

Stronski, P. (2020, September 16). *There Goes the Neighborhood: The Limits of Russian Integration in Eurasia. Retrieved from Carnegie Endowment for International Peace: https://carnegieendowment.org/20 20/09/16/there-goes-neighborhood-limits-of-russian-integration-in-eurasia-pub-82693*

Sushentsov, A. (2022, Octuber 12). *The Political Situation in Europe. (V. D. Club, Interviewer)*

SWI. (2022, Septiembre 15). *Putin y Xi, dispuestos a liderar un mundo cambiante. Retrieved from Swissinfo.ch: https://www.swissinfo.ch/spa/ucra nia-guerra-rusia_putin-y-xi--dispuestos-a-liderar-un-mundo-cambiante/47904110*

Taibo, C. (2004). *El conflicto de Chechenia. Madrid: Los Libros de la Catarata.*

Tovar Ruiz, J. (2021). La política internacional de las grandes potencias. Madrid: Síntesis.

Trenin, D. (2021, December 28). What Putin Really Wants in Ukraine. Retrieved from Foreign Affairs: https://www.foreignaffairs.com/articles/russia-fsu/2021-12-28/what-putin-really-wants-ukraine

UGS. (2022, Julio 26). UKRAINE Investment Opportunities in Exploration & Production. Retrieved from Ukrainian Geological Survey: https://www.geo.gov.ua/wp-content/uploads/presentations/en/investment-opportunities-in-exploration-production-strategic-and-critical-minerals.pdf

Volkov, D., & Kolesnikov, A. (2022, Septiembre 15). Mi país, con razón o sin ella: Ucrania y la opinión pública rusa. Retrieved from Política Exterior.

Volkov, D., & Kolesnikov, A. (2022, Septiembre 15). Mi país, con razón o sin ella: Ucrania y la opinión pública rusa. Retrieved from Política Exterior: https://www.politicaexterior.com/

mi-pais-con-razon-o-sin-ella-ucrania-y-la-opinion-publica-rusa/
Voskresenskii, A. D. (1999). *Rusia y China: teoría e historia de las relaciones internacionales. Moscú: Moskovskii Obshchestvennyi Nauchnyi Fond.*
WH. (2022, Octuber 13). *Remarks by National Security Advisor Jake Sullivan on the Biden-Harris Administration's National Security Strategy. Retrieved from The Withe House:*
https://www.whitehouse.gov/briefing-room/speeches-remarks/2022/10/13/remarks-by-national-security-advisor-jake-sullivan-on-the-biden-harris-administrations-national-security-strategy/
WH.GOV. (2022, May 23). *FACT SHEET: In Asia, President Biden and a Dozen Indo-Pacific Partners Launch the Indo-Pacific Economic Framework for Prosperity. Retrieved from The White House:*
https://www.whitehouse.gov/briefing-room/statements-

releases/2022/05/23/fact-sheet-in-
asia-president-biden-and-a-dozen-
indo-pacific-partners-launch-the-
indo-pacific-economic-framework-
for-prosperity/
WH.GOV. (2022, Octubre 12). *Remarks by*
National Security Advisor Jake
Sullivan on the Biden-Harris
Administration's National Security
Strategy. Retrieved from Whithe
House:
https://www.whitehouse.gov/briefi
ng-room/speeches-
remarks/2022/10/13/remarks-by-
national-security- advisor-jake-
sullivan-on-the-biden-harris-
administrations-national-security-
strategy/
Wilson, J. (2004). *trategic Partners:*
Russian-Chinese Relations in the
Post-Soviet Era. Armonk: M. E.
Sharpe.
Wolking, M. (2015, June 3). *Six Years Ago*
Today: President Obama's Failed
Reset with Russia. Retrieved from
Speaker of the House Jonh Boehner:
http://www.speaker.gov/general/s
ix- years-ago-today-president-

obama-s-failed-reset-
russia#sthash.TQqkpkKZ.dpuf
Woods, N. (2022, Noviembre 2). En defensa
de los No Alineados. Retrieved from
Política Exterior:
https://www.politicaexterior.com/e
n-defensa-de-los-no-alineados/
Zevelev, I. (2016, December 1). Russian
National Identity and Foreign
Policy. Retrieved from CSIS (Center
for Strategic & International
Studies):
https://www.csis.org/events/russia
n-national-identity-and-foreign-
policy
Zevelev, I. (2022, Octuber 4). Kennan Cable
No. 54: New Russian Policy Toward
Ukraine: Citizenship Beyond the
Borders. Retrieved from Wilson
Center:
https://www.wilsoncenter.org/publ
ication/kennan-cable-no-54-new-
russian-policy-toward-ukraine-
citizenship-beyond-borders

www.ingramcontent.com/pod-product-compliance
Lightning Source LLC
Chambersburg PA
CBHW050641270326
41927CB00012B/2828